Dieses Buch geht der Frage nach, unter welchen verwaltungstechnischen Bedingungen die NS-Vernichtungspolitik in Gang gesetzt werden konnte. Nach 1933 entstand unter Anleitung der Polizei, der Gesundheits- und Sozialverwaltung und des Statistischen Reichsamtes in wenigen Jahren ein bizarres und zugleich effizientes System verschiedener Karteien, Zählungen, Meldegesetze und Kennkarten. Es diente der restlosen Erfassung und Klassifizierung der Bevölkerung.
Jeder Zwangsarbeiterkolonne ging eine Zahlenkolonne voraus, keine Vernichtungsaktion kam ohne Erfassung aus, jede Selektion an der Rampe folgte einer Selektion auf dem Papier. Der Präsident der Deutschen Statistischen Gesellschaft, Friedrich Zahn, stellte damals fest: »Schon ihrem Wesen nach steht die Statistik der nationalsozialistischen Bewegung nahe.«

Götz Aly, geboren 1947, Deutsche Journalistenschule in München; Studium der Politischen Wissenschaft und Geschichte in Berlin; Promotion und Habilitation am Otto-Suhr-Institut der Freien Universität; von 1984 bis 1991 Mitherausgeber, Redakteur und Autor der »Beiträge zur nationalsozialistischen Gesundheits- und Sozialpolitik« (Bde. 1–9); Redakteur der »Berliner Zeitung«.
Veröffentlichungen u. a.: (zusammen mit Susanne Heim) Vordenker der Vernichtung. Auschwitz und die deutschen Pläne für eine neue europäische Ordnung, Hamburg 1991; »Endlösung«. Völkerverschiebung und der Mord an den europäischen Juden, Frankfurt am Main 1995; Macht – Geist – Wahn. Kontinuitäten deutschen Denkens, Berlin 1997 (alle drei Titel auch im Fischer Taschenbuch Verlag veröffentlicht).
Im S. Fischer Verlag sind u.a. erschienen: »Hitlers Volksstaat. Raub, Rassenkrieg und nationaler Sozialismus«, »Europa gegen die Juden 1880–1945« sowie »Prophet der Vernichtung. Über Volksgeist und Judenhass«.

Karl Heinz Roth, geboren 1942, Studium der Medizin und Geschichtswissenschaft, Promotionen in Hamburg (Medizin) und Bremen (Geschichte); Mitbegründer der Hamburger Stiftung für Sozialgeschichte des 20. Jahrhunderts und Redaktionsmitglied der Zeitschrift »1999«.
Veröffentlichungen u. a.: Erfassung zur Vernichtung, Berlin 1984; OMGUS, Ermittlungen gegen die Deutsche Bank, die Dresdner Bank und die I.G.-Farbenindustrie AG, Nördlingen 1985–1986 (Bearbeitung); Sozialstrategien der Deutschen Arbeitsfront, München u. a. 1987–1992 (Mitherausgeber); Intelligenz und Sozialpolitik im »Dritten Reich«, München 1993; Geschichtsrevisionismus, Hamburg 1999.

Weitere Informationen finden Sie auf www.fischerverlage.de

Götz Aly
Karl Heinz Roth

Die restlose Erfassung

Volkszählen, Identifizieren, Aussondern im Nationalsozialismus

FISCHER Taschenbuch

Die Zeit des Nationalsozialismus
Eine Buchreihe
Herausgegeben von Walter H. Pehle

Kontaktadresse nach EU-Produktsicherheitsverordnung:
produktsicherheit@fischerverlage.de

4. Auflage
Überarbeitet Neuausgabe

Die Originalausgabe erschien im
Rotbuch Verlag, Berlin 1984

Printed in Germany
ISBN 978-3-596-14767-0

Inhalt

Vorwort zur Neuausgabe

Dieses Buch entstand 1983 aus Anlaß des politischen und juristischen Streits um die damals vorgesehene, dann vom Bundesverfassungsgericht aufgeschobene Volkszählung. Wir recherchierten und schrieben es innerhalb von sechs Monaten. Aber trotz dieses geringen Zeitaufwandes, trotz der aktuellen Zweckbindung hat sich unsere Arbeit als haltbar erwiesen. Alle unsere späteren Forschungen zur NS-Zeit, so verschieden sie gewesen sein mögen, haben diese Ergebnisse immer wieder bestätigt. Wir verstehen das nun neu aufgelegte, geringfügig gekürzte Buch nach wie vor als eine nur in den Grundzügen ausgeführte, durchaus nicht vollständige Darstellung, die auch dazu anregen soll, die bürokratisch-rationale Struktur des nationalsozialistischen Deutschland besser zu erforschen. Auch die politische Fragestellung des Buches – was darf der Staat, was dürfen Statistiker über den einzelnen Menschen wissen? – hat an Aktualität nichts verloren.
Im Jahr 1939 wurden die deutschen Juden und »jüdischen Mischlinge« bei Gelegenheit der Volkszählung und in Absprache mit dem Reichssicherheitshauptamt namentlich erfaßt. Ihre im vorgeblichen Schutz des Statistikgeheimnisses gemachten und mit Strafandrohung beförderten Angaben über die Religionszugehörigkeit der vier Großeltern übertrugen deutsche Beamte – sofern die Religion auch nur eines Großelternteils als »jüdisch« angegeben wurde – sofort in die Spalte »Abstammung« der polizeilichen Melderegister. Aus dem Urmaterial der Volkszählung legten deutsche Archivare – im Geheimen Preußischen Staatsarchiv – eine Reichskartei der deutschen Juden an. Im besetzten Polen wurden schließlich die Urmaterialien früherer Volkszählungen rückwirkend individuell ausgewertet, um anhand der Merkmale »Religion und Sprache« einzelne Juden herauszufinden. Das statistische Reichsamt erfaßte im Mai 1939 auch alle »arischen« Erwachsenen nach den erlernten Berufen. Dieses Material wurde

ausschließlich individuell verwertet und sofort der Wehrmachtsführung übergeben, um für den bevorstehenden Krieg jeden Mann und jede Frau an den richtigen Platz beordern zu können, um nicht darauf angewiesen zu sein, was der einzelne aus Opportunitätsgründen als berufliche Qualifikation angeben würde oder nicht.

Es gibt viele ähnliche Beispiele, und dennoch ist das nur die eine Seite des Problems. Auch die Nazis haben statistische Daten nicht in erster Linie mißbraucht, sondern in der üblichen anonymen Weise gebraucht. Das informationelle Selbstbestimmungsrecht, wie es das Bundesverfassungsgericht 1983 definierte, ist eben, wenn man die Gefahren der Statistik richtig analysiert, nicht nur dann berührt, wenn statistische Daten reindividualisiert, also wieder einer einzelnen Person zugeordnet werden, sondern auch, wenn individuelle Daten zu statistischen Zwecken ausgewertet werden. Erst durch die anonymisierende Arbeit der Statistiker werden Menschen zum Teil eines »Problemfeldes«, mit eigener sogenannter Fruchtbarkeitswahrscheinlichkeit, mit eigener Scheidungswahrscheinlichkeit, eigenem Sozialverhalten etc. Auf diese Weise werden Menschen katalogisiert, durch Merkmalsprofile, die fast unendlich differenziert und vor allem beliebig kombiniert werden können. Erst so kann es gelingen, Menschen im Prozeß von Sozial- und Bevölkerungspolitik immer weiter zu unterteilen, in immer kleinere Gruppen. Auf diese Weise ist es möglich, daß für immer kleinere Gruppierungen von Menschen Gesetze, Verordnungen und Richtlinien erlassen werden, die für das einzelne Subjekt immer unüberschaubarer werden.

Berlin / Bremen, Januar 2000

Götz Aly
Karl Heinz Roth

Plakat der Deutschen Hollerith Maschinen Gesellschaft von 1933

Einleitung

»Abzählen! ... Rascher! Nochmals von vorne anfangen! ... Abzählen!« Diese deutsch gesprochenen Befehle eines Nazifeldwebels beherrschen die Komposition »A Survivor from Warsaw« von Arnold Schönberg. Das Melodram für »1 Sprecher, Männerchor und Orchester« wurde 1948 in den USA, wo Schönberg im Exil lebte, uraufgeführt. Die Zuhörer waren nach dem letzten Ton erstarrt, und nach Minuten des Schweigens begann das verwirrte Ensemble, das 99taktige Opus 46 zu wiederholen. Wann immer engagierte Nachkriegsdirigenten dieses Stück in die Matthäus-Passion plazierten oder an den Freudenchor der 9. Symphonie angehängt hatten, waren Pfiffe die Antwort des deutschen Publikums gewesen. »Abzählen!« Schönberg hatte die merkwürdige Genauigkeit hinter den monströsen Naziverbrechen thematisiert. Doch kaum einer hat seine Interpretationen nazistischer Sozialtechnik aufgegriffen und untersucht, wie aus Menschen »Karteiträger« wurden, wie die bürokratische Abstraktion sie entmenschlichte und in eine neue Realität überführte, die des Todes.

Dabei war es nicht die Ideologie von Blut und Boden, auch nicht das bis Ende 1944 durchgehaltene Prinzip von Kanonen *und* Butter, mit denen die Nationalsozialisten ihre Macht festigten und ihre Verbrechen bewerkstelligten – es waren nackte Zahlen, Lochkarten, statistische Expertisen und Kennkarten. Jede Marsch- und Arbeitskolonne existierte zunächst als Zahlenkolonne, jeder Vernichtungsaktion ging die Erfassung voraus, die Selektion an der Rampe beendete die Selektion auf dem Papier. Figuren wie Heinrich Himmler und Reinhard Heydrich sollten nicht nur als blutrünstige Führer, sondern auch als rationale Menschen erkannt und dargestellt werden, als Leute, die auf der Grundlage sehr genauer Überlegungen gehandelt haben.

Der Präsident der Deutschen Statistischen Gesellschaft, Friedrich

Zahn, stellte damals fest: »Schon ihrem Wesen nach steht die Statistik der nationalsozialistischen Bewegung nahe.« Und weiter: »Die Bevölkerungspolitik erfreut sich des besonderen Staatsinteresses. Sie ist nicht mehr bloß quantitative Bevölkerungspolitik, sie hat sich zur qualitativen und psychologischen Bevölkerungspolitik entwickelt, verlangt dementsprechend von der Statistik vermehrte und vertiefte Erkenntnis, die dann mit der unserem Führer eigenen Energie in die Tat umgesetzt werden kann.«[1] * Für das »deutsche Aufbauwerk«, dem die Statistik diente, waren Individualität und subjektiv widersprüchliches Handeln nur Störfaktoren. Um sie auszuschalten, galt es, möglichst weitgehend in das private und das gesellschaftliche Leben der Menschen einzudringen, es zu registrieren, nach Merkmalen aufzugliedern und Menschen nach einzelnen Merkmalen zu isolieren.

Unter Anleitung der Polizei, der Gesundheits- und Sozialverwaltung und des Statistischen Reichsamts entstand nach 1933 in wenigen Jahren ein bizarres und zugleich effizientes System verschiedener Karteien, Zählungen, Meldegesetze und Kennkarten. Es diente der restlosen Erfassung und Klassifizierung der Bevölkerung; für die als deutschblütig Klassifizierten galten 1940 vier Kategorien: hochstehend bzw. hochwertig, durchschnittlich, tragbar und tiefstehend bzw. minderwertig.

Die Volkszählungen 1933 und 1939 waren längst nicht die einzigen Erfassungsaktionen: Das Arbeitsbuch (1935), das Gesundheitsstammbuch (1936), die Meldepflicht (1938), die Volkskartei (1939) und zuletzt die Personenkennziffer (1944) waren die bürokratischen Voraussetzungen für ein abgestuftes System von Lohn und Strafe, für »Auslese« und »Ausmerze«. Mit dem Urmaterial der Volkszählung von 1939 wurde in Berlin-Dahlem die Volkstumskartei angelegt, eine Kartei aller Nichtarier im Deutschen Reich; sie enthielt Namen, Geburtstag, Geburts- und Wohnort, Beruf und Mischlingsgrad ... Das *Rassenpolitische Amt* der NSDAP begann seit 1934/35 in einzelnen seiner Gauämter mit dem Aufbau von »Asozialenkarteien«, 1935/36 folgte die Sonderregistrierung der Juden, Zigeuner und sonstiger »Fremdvölkischer«. Verkartet wurden seit 1934 auch die als erbkrank Angesehenen von

* Die Anmerkungen stehen am Ende des Bandes auf den Seiten 166–174.

den Gesundheitsämtern. Die *Reichsstelle für Sippenforschung* wurde mitsamt ihren Vorläufern zur Durchgangsstelle für den immer häufiger eingeforderten Nachweis der »Deutschblütigkeit« und »Erbgesundheit«. Seit 1936 beteiligten sich Gestapo und Kriminalpolizei immer intensiver an dem Verkartungsboom und starteten mit der »Zigeunererfassung« ein Pilotprojekt, das die Erfassung der Juden qualitativ ergänzte. All diese Einzelinitiativen speisten die zentralen Aktivitäten und radikalisierten sie.

Schon vor dem Krieg überschritt die nationalsozialistische Statistik die Reichsgrenzen: 1938 hatten die deutschen Statistiker die Rohstoff- und Arbeitskräftesituation in sämtlichen später besetzten osteuropäischen Ländern durchgerechnet. Im Sommer 1939 war eine Studie des 1938 aus dem Statistischen Reichsamt vorübergehend ausgegliederten *Reichsamts für wehrwirtschaftliche Planung* über die Stellung ethnischer Minderheiten in Polen abgeschlossen worden: die Analyse der sozialen Spannungen zwi-

»Karteiführer« im Erfassungswesen der SS. 1938 unterstanden dem SS-Erfassungsamt 3198 »Erfassungsstellen«, 160 »Obererfassungsstellen« und 18 »Haupterfassungsstellen«.

Unbekanntes jüdisches Mädchen mit Judenstern und Evakuierungsnummer, fertig zum Transport

schen den einzelnen Bevölkerungsgruppen und deren alten, noch offenen Rechnungen war eine Grundlage für die spätere Besatzungsherrschaft, die durch Ausrottung ebenso gekennzeichnet ist wie durch die systematisch geförderte Kollaboration »hilfswilliger« Völker.

In seiner von Hitler ausdrücklich befürworteten Niederschrift »Einige Gedanken über die Behandlung der Fremdvölkischen im Osten« schreibt Himmler: »Bei der Behandlung der Fremdvölkischen im Osten müssen wir darauf sehen, so viel wie möglich einzelne Völkerschaften anzuerkennen und zu pflegen, also neben den Polen und Juden, die Ukrainer, die Weißrussen, die Goralen, die Lemken und Kaschuben. Wenn sonst noch irgendwo Volkssplitter zu finden sind, auch diese.« Die Bevölkerung des Ostens müsse in möglichst »viele Splitter zergliedert« werden, und auch die einzelnen Völkerschaften selbst seien »in unzählige kleine Splitter und Partikel aufzulösen«.[2]

Entsprechend wurde seit Herbst 1939 in den neu annektierten Ostgebieten jeweils mit besonderer Intensität gezählt, so am 17. Dezember 1939 in Oberschlesien und im »Warthegau«. In Prag wurde 1939 das Statistische Amt für das »Reichsprotektorat Böhmen und Mähren« geschaffen, ein Jahr später das Statistische Amt in Krakau, für den »Generalgouvernement« genannten Teil des besetzten Polens. Die *Publikationsstelle* in Berlin-Dahlem, die dem SD eng verbunden war und von 1943 an direkt der SS unterstand, stellte seither fortlaufend Zahlenmaterial über alle neu unterworfenen Völker zur Verfügung – für den Dienstgebrauch.

Den Zusammenhang zwischen Erfassen und gewalttätigem Unterdrücken dokumentiert ein Fernschreiben Heydrichs:

> »Betr. Räumung der neuen Ostprovinzen
> Auf grundsätzlichen Befehl des Reichsführers SS wird die Räumung von Polen und Juden in den neuen Ostprovinzen durch die Sicherheitspolizei durchgeführt (...) Die Räumung nach dem Fernplan erfolgt nach den Unterlagen der Volkszählung. Nach dieser besitzen alle Personen in den neuen Provinzen ein Exemplar. Das Volkszählungsformular gilt als vorläufiger Ausweis, der zum Aufenthalt berechtigt. Daher müssen vor dem Abtransport allen Personen diese Formulare abgenommen werden. Der Aufenthalt nach der Volkszählung ohne dieses Formular wird in den neuen Provinzen auf Befehl des RFSS (= Reichsführer SS, d. Verf.) mit Erschießen bedroht. Durch diese Maßnahme wird es möglich sein, die Rückkehr der ausgesiedelten Personen zu verhindern, nachdem eine wirksame Grenzkontrolle zum Gouvernement praktisch kaum voll erreichbar erscheint. Voraussichtlich wird die Volkszählung am 17.12.1939 stattfinden, so daß der große Räumungsplan erst nach diesem Zeitpunkt, also etwa ab. 1.1.1940 beginnen kann.«[3]

Allein aus dem »Warthegau« sollten in einem ersten Schritt über eine halbe Million Menschen in das Generalgouvernement deportiert werden. Aber nicht irgendwelche. »Für die Berechnung der Evakuierungszahlen aus den einzelnen Kreisen ist die volkstumsmäßige Gliederung, die politische Zusammensetzung und die wirtschaftlich-soziale Struktur ausschlaggebend. An Unterlagen stehen hierfür statistische Angaben (Volkszählungslisten usw.) aus deutschen und polnischen Quellen, die Ermittlungsergebnisse der Sicherheitspolizei und des Sicherheitsdienstes und die Erhebungen der Landräte zur Verfügung.« SS-Sturmbannführer Rapp schloß diesen Bericht mit der Bemerkung: »Dabei bleibt zu berücksichtigen, daß es sich nicht um eine wahllose Massenabschiebung handelt, sondern ein individuell bestimmter Personenkreis erfaßt und abtransportiert werden muß.«[4] Jede Evakuierungskarte durchlief zum Zweck dieser individuellen Prüfung die Volksdeutsche Kartei, die Rückstellungskartei, die Ukrainer- und Russenkartei und die Transportkartei. Schließlich wurde die Karte noch einer Volksdeutschen Prüfungskommission vorgelegt und erst dann über die Abschiebung entschieden.

Auf dem Kongreß »Naziverbrechen gegen die Menschlichkeit in Polen und Europa« in Warschau erzählte uns der damalige Verfassungsrichter Martin Hirsch am 16. April 1983 strahlend, das Bundesverfassungsgericht habe die geplante Volkszählung ausgesetzt. Wir haben uns am selben Abend noch entschieden, die gerichtlich verfügte Pause zu nutzen, um diesen historischen Beitrag zu einem aktuellen Thema zu recherchieren und zu schreiben. Auffällig war auf dem Warschauer Kongreß: Über die Mordtaten wurde viel gesprochen, über die differenzierte und effiziente Methodik der Herrschaftsausübung so gut wie nicht.

Wir haben uns auf zwei unserer Meinung nach entscheidende Teilbereiche konzentriert: erstens die Methoden, die der Erfassung der Gesamtbevölkerung dienten; und zweitens einige herausragende Sonderaktionen, die die Selektion besonders stigmatisierter Minderheiten vorbereiteten. Nicht nur der im gewöhnlichen Verwaltungsalltag betriebene Datenmißbrauch, sondern gerade der gesetzliche Gebrauch des Zahlenmaterials ist bedenklich. Das scheint uns das entscheidende (von der Datenschützerdiskussion abweichende) Resultat unserer Beschäftigung mit dem Nationalsozialismus zu sein. Liegt nicht schon in der Abstraktion des Menschen zur Ziffer ein fundamentaler Angriff auf seine Würde? Ist die Versuchung nicht gegeben, den einmal zum Merkmalsprofil geronnenen Menschen zu begradigen, zu bereinigen, wie die Statistiker es nennen? Zählungen fördern die Macht des Objektiven, die Rationalität der Willkür. Auch ohne Mißbrauch. Die verschiedenen Erfassungstechniken sind von den Nationalsozialisten benutzt, weiterentwickelt und nur selten »pervertiert« worden. Es ist unmöglich, die Auswüchse zu beseitigen, ohne den gesamten methodischen Ansatz aufzugeben.

Gerade aufgrund der geschichtlichen Erfahrung erscheinen Volkszählungen und -kataster mit ihren scheinbar objektiven Daten und behördlichen Entscheidungshilfen als gegen die gesellschaftliche Phantasie gerichtete Angriffe. Die Zahlenwalze rollt auf die Menschen los. Es geht aber nicht um Bedarfsziffern, es geht um Bedürfnisse. Ein Grundbedürfnis, das wir während unserer Recherchen immer intensiver verspürten, war das nach der Gleichheit unter den Menschen. Das fortschreitende Zählen und Abspalten der jeweils Schwächsten und derer, die in bestimmten sozialpolitischen Konstellationen isoliert sind, dient der systematischen Vertiefung von Ungleichheit, und es löst das gesellschaftliche Leben administrativ auf – in Splitter und Partikel.

Januar 1984

Wissenschaftliche Soldaten des neuen Reichs

Statistik im Aufbruch

Ende Januar 1933 bestand für die große Mehrheit der Statistik-Experten des Weimarer Staates kein Zweifel, daß jetzt ihre Stunde gekommen sei. Die Zeiten, in denen sie als stille Sozialtechniker der politischen Macht zugearbeitet hatten, waren vorbei: Sie fühlten sich berufen, selbst Hand anzulegen. Es galt, mit Hilfe immer neuer Techniken die soziale und demographische Zusammensetzung der Bevölkerung zu erfassen und nach den Intentionen der neuen Herren und den neuesten Erkenntnissen der Wissenschaft, der Erb- und Rassenhygiene, umzugestalten.

»Die Stellung der Statistik im neuen Reich« ist die Überschrift eines Aufsatzes aus dem Jahr 1934, verfaßt von Johannes Müller, dem Präsidenten des Thüringischen Statistischen Landesamtes. Müller, dessen vorgesetzter Landesinnenminister schon seit 1930 der Nazi Wilhelm Frick war, bedankt sich darin für »die große Stärkung der Statistik gegenüber früher« – die Aufträge und Anfragen hätten sich seit »der grundlegenden Änderung aller Dinge in Deutschland« außerordentlich gehäuft. »Die Zeiten, in denen die wissenschaftlichen Statistiker in erster Linie Wissenschaftler waren, sind vorbei.« Die Statistiker haben, so führt Müller weiter aus, nun nicht mehr wie früher »zahlenmäßige Grundlagen allgemeiner Art« zu liefern, sondern sie stehen »mitten in den politischen Problemen mit all' ihrer Unruhe und Unsicherheit«: »Dies im einzelnen näher zu belegen, erscheint überflüssig, es seien daher nur wenige Stichworte wie Arbeitsbeschaffungsprogramm, Fett- und Futtermittelbewirtschaftung, Bewirtschaftung von Industrierohstoffen, Preisüberwachung, Geburtenpolitik, Erbhöfe, Rassenpolitik u. a. m. angeführt, alles Aufgaben, die von den Verwaltungsbehörden nur unter umfassender Verwendung statistischer Angaben haben in Angriff genommen werden können.«[1]

Wenn wir den Statistikern glauben wollen, dann war der Nationalsozialismus in seiner Quintessenz statistische Wissenschaft und Sozialtechnik. Ein Autor, der sich schon 1934 mit der Rassenstatistik befaßte, behauptete sogar, erst mit der statistischen Verwissenschaftlichung verlasse die Rassenbiologie den bis dahin schwankenden völkischen Boden und gewinne so nationalsozialistisches Profil.[2] Und der Präsident der Deutschen Statistischen Gesellschaft, Friedrich Zahn, schwärmte im Jahre 1941 über jene Zeiten des Aufbruchs:

> »Wie der Führer als Ziel der nationalsozialistischen Bewegung die kühle Wirklichkeitslehre schärfster wissenschaftlicher Erkenntnisse aufstellte, so verlangte seine Regierung neben körperlicher Tüchtigkeit, charakterlicher Festigkeit und Disziplin gebrauchsfertiges Wissen, forderte nicht bloß politische und wirtschaftliche, sondern auch wissenschaftliche Soldaten. Sie braucht einwandfreie Erkenntnisse in weitem Umfange und große Vielseitigkeit, die zum guten Teil nur auf dem Weg der Statistik zu beschaffen sind, um vom Wissen zum Können, vom Rat zur Tat bei dem in Angriff genommenen gigantischen Aufbauwerk ... zu gelangen.«[3]

Die Statistiker verstanden sich als »wissenschaftliche Soldaten« des Nationalsozialismus. Aber hören wir Friedrich Zahn noch ein Stück weiter zu:

> »Sie (die nationalsozialistische Staatsführung, d. Verf.) hat ebenfalls den Menschen jetzt noch mehr als bisher in den Vordergrund ihrer Betrachtungsweise gerückt, nicht den Menschen als freies Individuum, sondern den Menschen, wie er in der Gemeinschaft biologisch, sozial, wirtschaftlich, kulturell gebunden ist.
>
> Daher sind wichtige bevölkerungs- und medizinalstatistische Aufgaben auf dem Gebiet der Familie, Sippe, Rasse, Vererbung (Erbbiologie, Genealogie), Heimatkunde, des Volkstums (und Volkszugehörigkeit, Mundart, Sprache, Familienname) alsbald in Angriff genommen worden.
>
> So hat bereits die Volkszählung von 1933 entsprechend der – seit Jahrzehnten von Bevölkerungspolitikern und Bevölkerungsstatistikern zwar geforderten, aber erst im Dritten Reich eingeleiteten – Familienpolitik ein eingehendes familienstati-

Plakat der IBM-Tochterfirma Dehomag von 1934

stisches Programm durchgeführt und hat die Volkszählung von 1939 dieses Programm noch weiter fortgebildet, die biologische Gestaltung der Einzelfamilie wird jetzt durch ein kombiniertes System von Bestands- und Bewegungsstatistik gut erfaßt. Ergänzt werden diese statistischen Erkenntnisse durch die biologischen Bestandsaufnahmen, wie sie in den Musterungsergebnissen der Wehrmacht, in den Untersuchungsergebnissen für das Jungvolk und den Jungmädelbund, in den Spezialuntersuchungen von Gesundheitsämtern, Universitätsinstituten, Betriebsärzten usw. für besondere Personenkreise, für besondere Gebietsteile vorliegen. Auch die statistische Auswertung der Ergebnisse der Reichsberufswettkämpfe darf nicht unerwähnt bleiben. Alle die genannten Quellen ermöglichen mit der Zeit einen allgemeinen Gesundheitskataster, eine volksbiologische Diagnose, ein klares Bild von der Lebensqualität des deutschen Volkes, von den Erbgesunden und den Erbkranken, ermöglichen wichtige Unterlagen zur Förderung der guten, zur Verhinderung der schlechten Erbmasse, zur erbbiologischen Gesundung des Volkskörpers.
In weiterer Ergänzung dieser Fortbildung unserer Bevölkerungsstatistik verdienen die Betriebsuntersuchungen der Deutschen Arbeitsfront (Amt für Volksgesundheit) Hervorhebung, ihre statistischen Fragestellungen dienen der Gesunderhaltung und Leistungssicherung der lebenden Generation, sie bezwecken die Erhaltung der Leistungsfähigkeit des einzelnen bis ins Alter sowie die Nutzbarmachung seiner Höchstleistung für die Volksgemeinschaft.«[4]

Vom Zählblättchen zur Volkszähltabelliermaschine *

Gegen Ende des 19. Jahrhunderts beschäftigte sich im US-Census-Office, das die amerikanische Bevölkerung seit 1790 im Abstand von 10 Jahren zählte, der deutschstämmige Ingenieur Hermann Hollerith mit der Vereinfachung des Auswertungsverfahrens. Bis dahin waren die Angaben von den Fragebögen auf Zählblättchen

* Unter Mitarbeit von Helga Arp

übertragen worden. Für jede mögliche Antwort war ein Feld vorgesehen; bei der Auszählung eines Merkmals mußten dann nur die jeweiligen Felder beachtet werden. Dieses Verfahren setzte eine weitgehende Formalisierung, aber auch eine begrenzte Anzahl möglicher Antworten voraus.

Die Idee, die systematisierten Merkmale auf dem Zählblättchen statt mit einem Strich durch ein Loch zu kennzeichnen, soll Hollerith bei einer Bahnfahrt gekommen sein, als er einen Schaffner beim Lochen der Fahrkarten beobachtete. Er entwickelte eine Maschine, die auf elektromagnetischem Wege Löcher identifizieren konnte: Elektrische Kontaktbürsten tasteten die Karten ab und registrierten jede mögliche Lochung auf einem eigenen Zähler. Bereits 1890, bei der 11. amerikanischen Volkszählung, verarbeiteten die neuen Maschinen ca. 56 Millionen Lochkarten. Die Geschwindigkeit, mit der die ersten Zählergebnisse vorlagen, war beeindruckend und die amerikanische Bevölkerung weniger zahlreich als allgemein erwartet: Nach der Zählung waren es 62 622 250 statt der geschätzten 75 Millionen.

Hollerith sicherte sich weitreichende Patente, auch im Ausland. Er gründete 1896 ein eigenes Unternehmen, das er 1911 an die *Computing-Tabulating-Recording-Company* (CTR) verkaufte, 1924 in *International Business Machines* (IBM) umbenannt. In Deutschland gründete Willy Heidinger 1910 die *Deutsche Hollerith Maschinen Gesellschaft* (Dehomag) in Berlin-Lichterfelde. Die Dehomag agierte als selbständige Gesellschaft auf der Grundlage von Hollerith-Lizenzen.[5]

Die Zahl der Informationen, die auf einer Lochkarte untergebracht werden kann, ist durch die Größe der Karte begrenzt. Es galt daher, die Informationen mit Hilfe einer Lochschrift möglichst weitgehend zu formalisieren. Diese Lochschrift basiert auf dem Dezimalsystem und übersetzt Begriffe für Personen, Leistungen, Zeiten etc. in Zahlen. Der Katalog möglicher Antworten wird durchnumeriert und die entsprechende Kennzahl in die Ziffernlochkarte gestanzt. Diese Karte hatte zunächst 45 Spalten. 1928 brachte IBM (1930 Dehomag) eine Ziffernlochkarte mit rechteckigen statt runden Löchern heraus, die 60 oder 80 Spalten faßte.

Für die deutsche Volkszählung 1933 begründete die Dehomag, warum sie für die Auswertung der Zählung 60spaltige und nicht die eigentlich ausreichenden 45spaltigen Lochkarten verwendete: »Es (ist) heute noch nicht zu übersehen, ob man sich (...) nicht noch entschließt, aus irgendwelchen staatspolitischen Erwägungen heraus weitere Angaben aus der Haushaltsliste auf die Lochkarte zu übernehmen. Die Verwendung der 45spaltigen Lochkarte würde dies nicht mehr gestatten« (*Hollerith Nachrichten*, Heft 28/1933). Solche »staatspolitischen Erwägungen« gab es tatsächlich, es waren die Sonderauszählungen der Juden und Ausländer.

Einen großen Fortschritt für die Verarbeitungsgeschwindigkeit von Lochkarten brachte die Einführung einer automatischen Kartenzuführung und die Entwicklung von Sortier- und Tabelliermaschinen.

Nehmen wir einen Begriff, zu dessen Erfassung drei Lochkartenspalten vorgesehen sind. Es gibt 1000 verschiedene dreistellige Zahlen (000–999), d. h., drei Lochkartenspalten lassen 1000 verschiedene Antworten auf eine Frage zu. Es kann sinnvoll sein, alle Lochkarten mit der gleichen Lochung zusammenzufassen, beispielsweise könnte dies bedeuten, alle Menschen mit der gleichen Nationalität auszusortieren. Dann sind nur drei Arbeitsgänge nötig, um alle Karten in aufsteigender Reihenfolge nach diesem Merkmal zu sortieren, so daß anschließend alle Karten mit der gleichen Schlüsselzahl direkt hintereinanderliegen.

Ensprechend wurden Tabelliermaschinen entwickelt, die automatisch bei der Änderung eines oder mehrerer vorher bestimmter Merkmale (»Gruppenwechsel«) Zwischensummen ausdruckten und wieder von vorne zu zählen anfingen.

Was die Sortiermaschinen konnten, beschrieben die *Hollerith-Mitteilungen* (Nr. 3) schon 1913:

> »*Absonderung der Abnormalen.* In dem Statistischen Bureau in Kopenhagen unter Leitung des Herrn Direktors Koefoed wurde von dem Dezernenten der Hollerith-Abteilung Herrn Elberling eine sehr sinnreiche Vorkehrung getroffen, durch welche das Sortieren von 4,7 Millionen Karten gespart wurde. Es gab etwa 100000 abnormale Menschen in Dänemark, die in dreierlei Weise abnormal sein konnten, nämlich bezüglich Gebrechen, der Religion und des Militärverhältnisses. Bei der gewöhnlichen Sortierungsmethode hätte man die sämtlichen

> Karten dreimal sortieren müssen, um die drei Abnormalitäten abzusondern, und da Dänemark etwa 2 ½ Millionen Einwohner hat, etwa 7 ½ Millionen Karten durch die Sortiermaschine schicken müssen.
>
> Es wurde nun ein Sortiermaschinenbürstenhalter angefertigt, welcher anstatt einer Bürste drei Bürsten enthielt, und zwar in solcher Stellung, daß die drei Spalten der Abnormalen berührt wurden. Da nun die Sortiermaschine immer nach demjenigen Loch sortiert, welches zuerst den Strom schließt, war die Folge dieser Anordnung, daß bei der einmaligen Sortierung der 2 ½ Millionen Karten diejenigen, welche keine Abnormalitäten hatten, also in den drei Reihen nicht gelocht waren, in das R-Loch fielen, während die anderen je nachdem in das eine oder andere Fach sortiert wurden.« (Abgedruckt in: IBM-Nachrichten 33 (1983), Heft 265 unter der Überschrift »Neues von Gestern«.)

Während des Ersten Weltkrieges war es der Dehomag nicht möglich gewesen, Lizenzgebühren an die CTR zu zahlen; da es sich um Dollarschulden handelte, machte die Inflation die Lizenzschulden unbezahlbar. In dieser Situation legte die CTR die deutsche Konkurrenz an die Zügel; CTR kaufte 1922 90 % der Firmenanteile auf und zwang die Dehomag, ihre Geschäfte auf Deutschland zu beschränken. Ende der 30er Jahre war die Dehomag die mit Abstand ertragreichste Tochtergesellschaft von IBM.[6]

Ebenso wie die Muttergesellschaft arbeitete die Dehomag gut mit staatlichen Stellen zusammen, denn dort war allein schon durch die Lochkartenverkäufe ein hoher Profit sicher. Als es der Dehomag 1937 gelang, mit der Abteilung *Maschinelles Berichtswesen* der Wehrmacht ins Geschäft zu kommen und dabei den einzigen Konkurrenten *Powers* (Remington) aus dem Feld zu schlagen, war ein weiteres zukunftsträchtiges Absatzfeld gesichert.

Ein besonders guter Kunde war das Statistische Reichsamt. Es verwendete Lochkartenmaschinen nicht nur zur Auswertung der Volkszählungen, sondern auch für die laufenden statistischen Aufbereitungen.

Auf Anregung des Reichsamtes entwickelte die Dehomag beispielsweise die Tabelliermaschine D11 weiter. Diese Maschine besaß eine automatische Papierzuführung, eine Stecktafelpro-

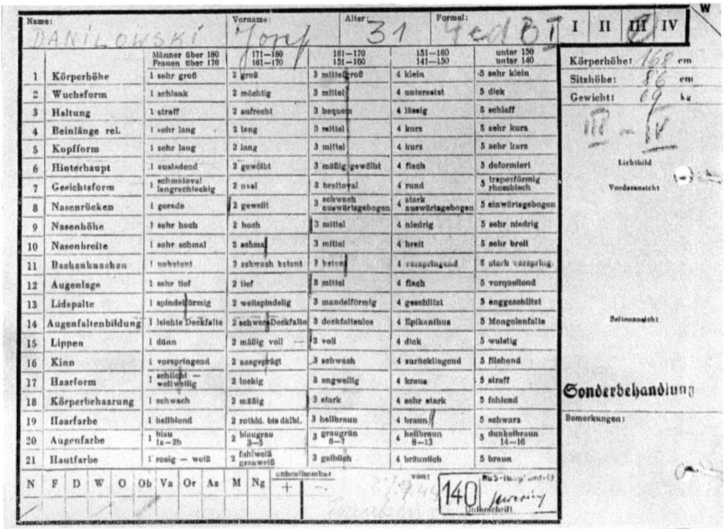

Name: DANILOWSKI | Vorname: Josef | Alter: 31 | Formel: 4c d B T | I | II | III | IV

		Männer über 180 / Frauen über 170	171–180 / 161–170	161–170 / 151–160	151–160 / 141–150	unter 150 / unter 140
1	Körperhöhe	1 sehr groß	2 groß	3 mittelgroß	4 klein	5 sehr klein
2	Wuchsform	1 schlank	2 mächtig	3 mittel	4 untersetzt	5 dick
3	Haltung	1 straff	2 aufrecht	3 bequem	4 lässig	5 schlaff
4	Beinlänge rel.	1 sehr lang	2 lang	3 mittel	4 kurz	5 sehr kurz
5	Kopfform	1 sehr lang	2 lang	3 mittel	4 kurz	5 sehr kurz
6	Hinterhaupt	1 ausladend	2 gewölbt	3 mäßig gewölbt	4 flach	5 deformiert
7	Gesichtsform	1 schmaloval langrechteckig	2 oval	3 breitoval	4 rund	5 trapezförmig rhombisch
8	Nasenrücken	1 gerade	2 gewellt	3 schwach auswärtsgebogen	4 stark auswärtsgebogen	5 einwärtsgebogen
9	Nasenhöhe	1 sehr hoch	2 hoch	3 mittel	4 niedrig	5 sehr niedrig
10	Nasenbreite	1 sehr schmal	2 schmal	3 mittel	4 breit	5 sehr breit
11	Backenknochen	1 unbetont	2 schwach betont	3 betont	4 vorspringend	5 stark vorspring.
12	Augenlage	1 sehr tief	2 tief	3 mittel	4 flach	5 vorquellend
13	Lidspalte	1 spindelförmig	2 weitspindelig	3 mandelförmig	4 geschlitzt	5 enggeschlitzt
14	Augenfaltenbildung	1 leichte Deckfalte	2 schwere Deckfalte	3 deckfaltenlos	4 Epikanthus	5 Mongolenfalte
15	Lippen	1 dünn	2 mäßig voll	3 voll	4 dick	5 wulstig
16	Kinn	1 vorspringend	2 ausgeprägt	3 schwach	4 zurückliegend	5 fliehend
17	Haarform	1 schlicht – weitwellig	2 lockig	3 engwellig	4 kraus	5 straff
18	Körperbehaarung	1 schwach	2 mäßig	3 stark	4 sehr stark	5 fehlend
19	Haarfarbe	1 hellblond	2 rotbld. bis dklbl.	3 hellbraun	4 braun	5 schwarz
20	Augenfarbe	1 blau 1a–2b	2 blaugrau 3–5	3 graugrün 6–7	4 hellbraun 8–13	5 dunkelbraun 14–16
21	Hautfarbe	1 rosig – weiß	2 fahlweiß grauweiß	3 gelblich	4 bräunlich	5 braun

N | F | D | W | O | Ob | Va | Or | As | M | Ng | unbestimmbar | von: | 140 | Unterschrift

Körperhöhe: 168 cm
Sitzhöhe: 86 cm
Gewicht: 69 kg
Lichtbild
Vorderansicht
Seitenansicht
Sonderbehandlung
Bemerkungen:

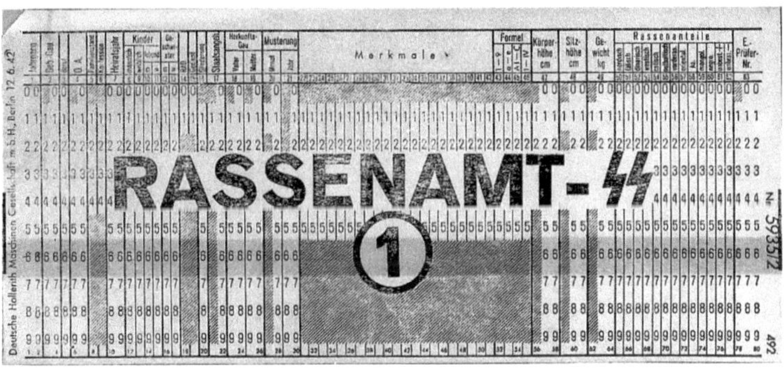

Erhebungsbogen für das Rassenamt der SS und dazugehörige Hollerith-Lochkarte. Dieses Amt gehörte zum Rasse- und Siedlungshauptamt, das sowohl die SS-Männer und ihre Familien rassendiagnostisch einstufte als auch später Zwangsarbeiter und -arbeiterinnen – vor allem dann, wenn sie trotz des strengen Verbots zusammen mit einem Deutschen oder, noch verbotener, mit einer Deutschen Väter oder Mütter wurden. Für beide Verfahren verwandte die SS im Prinzip gleiche Vordrucke, »Eignungsprüfer« und Lochkarten. Die ausgefüllte Karteikarte zeigt das von einem »Eignungsprüfer« Helmut Sewering diagnostizierte Todesurteil – »Sonderbehandlung« –, verhängt gegen einen Zwangsarbeiter, der eine deutsche Frau geliebt hatte, ohne die rassischen Voraussetzungen zu erfüllen.

grammierung, war für alle vier Grundrechenarten ausgerüstet, konnte die Rechenergebnisse an beliebigen Stellen der Berechnung niederschreiben; ein Kartenlocher stanzte die Ergebnisse automatisch in Summenkarten, die dann für weitere Arbeitsgänge bereitstanden. Für die Volkszählung 1939 wurde die D11 zur Volkszähltabelliermaschine umgerüstet, die bis zu dreizehn Zählbegriffe in einem Kartendurchgang errechnete. Wenn diese Maschine nur zählte, erreichte sie eine Leistung von 12000 Kartendurchgängen in der Stunde.[7]

Zur Aufarbeitung der Volkszählung von 1939 stellte das Statistische Reichsamt 2000 Männer und Frauen als zusätzliches Personal ein, um das Urmaterial der Volkszählung zu bearbeiten, das mehr als 70 Eisenbahnwagen füllte. Die Dehomag richtete in dem Amt eine eigene Zweigstelle zur maschinellen Aufbereitung der Ergebnisse ein.

Spätestens ab 1942 war auch die SS Kunde der Dehomag und ließ die SS-Rassenerfassung auf Hollerith-Karten übertragen, 1943/44 auch die Daten zu KZ-Häftlingen.

Inventur

Volkszählungen hatten die einzelnen deutschen Staaten mit den nachnapoleonischen Verwaltungsreformen eingeführt. Preußen zählte seit 1816, der Deutsche Zollverein seit 1833 – im Turnus von drei Jahren, jeweils am 3. Dezember. Die erste allgemeine Volkszählung des Deutschen Reichs veranstaltete das Kaiserliche Statistische Reichsamt unmittelbar nach seiner Gründung am 1. Dezember 1871. Die nächste Zählung folgte 1875 und von da an bis 1910 im Rhythmus von fünf Jahren. Die Zählung von 1915 (bereits bis ins Detail als »große Volkszählung« mit einer neuartigen Familienstatistik geplant) mußte wegen des Krieges ausfallen. Die Zählungen der Jahre 1916, 1917 und 1919 zielten auf die Verwaltung des Krieges bzw. Nachkrieges – Lebensmittelrationierung, Berufs- und Betriebserfassung. Erst 1925 organisierte der neuernannte Abteilungsdirektor im Statistischen Reichsamt, Friedrich Burgdörfer, eine »wirtschafts- und sozialstatistische Bestandsaufnahme«[8]. Neu an dieser Volkszählung war, daß geistig und körperlich »Gebrechliche« erfaßt und im Anschluß daran, 1926, mit einem sehr detaillierten Fragebogen einer Sonderzählung unterworfen wurden.[9]

Die nächste Zählung, für 1930 geplant, hatten die letzten Regierungen der Weimarer Republik immer wieder wegen finanziell begründeter Einsprüche einzelner Länder verschoben – bis die neue Hitler-Regierung sich eilig darüber hinwegsetzte. Als eine ihrer ersten Taten ordnete sie die »Inventur« an.

Direktor Burgdörfer »begrüßte« im Namen des Statistischen Reichsamts, »daß die Regierung der nationalen Erhebung im Wege der durch das Ermächtigungsgesetz ermöglichten vereinfachten Form der Gesetzgebung die bisherigen Hemmungen und Widerstände einzelner Länder überwunden und die Durchführung einer neuen Inventur des deutschen Volkes und der deutschen Volkswirtschaft durch Reichsgesetz vom 12. April 1933 angeordnet hat«. Die Zählung selbst war entsprechend »großzügig« angelegt. Sie fiel »zeitlich mit der grundlegenden politischen Cäsur« zusammen, die durch »das Werk der nationalen Erhebung gegeben ist«.[10] 500000 Zähler waren am 16. Juni 1933 für die Erhebung aufgeboten, teilweise zwangsverpflichtet, überwacht von sogenannten Oberzählern. Für die Durchführung der Volkszählung waren die einzelnen statistischen Landesämter zuständig, die offensichtlich sofort wußten, auf wen sie sich dabei zu stützen hatten. In dem Stuttgarter Amt setzten sich die Hilfskräfte zusammen aus »Mitgliedern aller auf nationalem Boden stehenden Angestelltenorganisationen«, einer »sehr großen Zahl von Kriegsteilnehmern«, darunter wieder »zahlreiche Kriegsgeschädigte und Kriegsgefangene, Kriegswaisen, SA- und SS-Leute, ausgeschiedene Hilfspolizisten, Werkstudenten, einige bedürftige weibliche Arbeitskräfte und etwa zehn stellenlose Beamtenanwärter«.[11]

Als Erfassungsgrundlage diente wie 1925 die Haushaltungsliste. Neu waren die Zusatzfragen an alle verheirateten Frauen, die das Jahr der Eheschließung und die Gesamtzahl der Kinder ermittelten. Es ging nicht mehr um die Vorausberechnungen der künftigen Bevölkerungsentwicklung, sondern um die Errechnung eines »Geburtensolls«, das den »biologisch wertvollen« Frauen in den kommenden Jahren auferlegt werden sollte – Burgdörfer:

> »Die Bedeutung dieser (familienstatistischen, d. Verf.) Aufstellung für die Beurteilung der ehelichen Fruchtbarkeit ist um so höher zu veranschlagen, als sie zugleich den Ausgangspunkt bilden soll für eine Fortschreibung der Gebärleistungen der Ehefrauen nach den Geburtsjahrgängen sowohl als auch nach Heiratsjahrgängen. (...) Die alten Methoden der Bevölkerungsstatistik, die sich darauf beschränkten festzustellen, was ›war‹ und was ›ist‹, genügen heute nicht mehr, man muß zur biologischen Betrachtungsweise übergehen und fortlaufend festzustellen versuchen, was ›wird‹, festzustellen, wie sich die einzelnen Heiratsjahrgänge und Geburtenjahrgänge in der Fortpflanzungsfrage verhalten. Dies ist um so notwendiger, als angesichts der Abnormitäten und Verwerfungen in der Altersschichtung unseres Bevölkerungsaufbaus die üblichen auf 1000 der Bevölkerung berechneten Geburtenziffern und auch die auf 1000 gebärfähige Frauen berechneten Fruchtbarkeitsziffern nicht mehr genügen, um die Entwicklung der Fortpflanzungstätigkeit mit Sicherheit statistisch kontrollieren zu können. Das ist nur dadurch möglich, daß man die jährlichen Gebärleistungen in den einzelnen Ehejahrgängen regelmäßig aufsummiert und fortschreibt. Die Grundlage und den Ausgangspunkt für diese Fortschreibung aber soll die neue Volkszählung liefern.«[12]

Diese, heute unter dem Namen Kohortenanalyse gebräuchliche, familienstatistische Erhebung diente als Voraussetzung für steuernde Eingriffe in die »Gebärleistung der deutschen Frauen« – schließlich bestehe das Volk nicht nur aus einer »Masse von Einzelwesen«. In der Auswertung errechnete das Statistische Reichsamt die Zahl der bestehenden Ehen »und ihre Zusammensetzung nach der Zahl der aus ihr entsprossenen Kinder«. Diese Zahlen wurden ausdifferenziert nach der Ehedauer, dem Eheschließungsalter der Frauen, der Religionszugehörigkeit, der Erwerbstätigkeit der Ehefrau, der beruflichen und sozialen Stellung des Familienoberhaupts und nach dem Gesichtspunkt, ob von dem Ehepaar eine Bodenfläche bewirtschaftet wird oder nicht. Mit Hilfe der so gewonnenen Ergebnisse sollte positiv demographisch gesteuert und gleichzeitig negativ ausgesondert werden.

Seit September 1933 sollte das neu eingeführte Ehestandsdarle-

Statistisches Reichsamt, Berlin, Neue Königstraße (heute: Otto-Braun-Straße)

hen den Heiratswillen fördern. Dieses Darlehen konnte ›abgekindert‹ werden; die NS-Bevölkerungspolitiker erhöhten den Anreiz später durch Kindergeldzahlungen, die nach dem dritten Kind spürbar anstiegen. Anspruch auf diese Leistungen bestand aber nur, wenn die Ehefrau (falls nötig) aufhörte zu arbeiten, die Antragsteller arisch, deutsche Staatsangehörige und »in erbhygienischer Sicht einwandfrei« waren.[13]

Trotz aller Propaganda, harter Strafen für Abtreibungen und der erheblichen finanziellen Vergünstigungen stieg die Geburtenrate in der Zeit des Dritten Reiches nie über den Stand von 1926. 1940, 1941 sank sie sofort und drastisch.

Die Volkszählung 1939 – Zahlenkolonnen für den Führer

Das Statistische Reichsamt verdoppelte in der Zeit von 1933–1939 sein Personal auf etwa 5000 Beamte und Angestellte, beschleunigte durch immer modernere Zähl- und Sortiermaschinen die immer schnellere Verarbeitung von immer mehr statistischem Urmaterial und konnte sich auf eine ebenfalls ständig wachsende Vielfalt statistischer Institutionen stützen[14]: Die Statistischen Ämter in den größeren Städten und den einzelnen Ländern, das Arbeitswissenschaftliche Institut der *Deutschen Arbeitsfront* und viele mehr. 1935 zog das Statistische Reichsamt in das ehemalige Karstadt-Verwaltungsgebäude – ein monströser siebenstöckiger Gebäudekomplex. Hitler verschaffte der Statistik »starke Arbeitsmöglichkeiten«, Hans Frank, der spätere Generalgouverneur im besetzten Polen, förderte sie »warmherzig«. Heinrich Himmler hat diese Wissenschaft, wie das seit 1934 erscheinende *Statistische Jahrbuch der Schutzstaffel* zeigt, geradezu fetischisiert.

1937 schwärmte der *Völkische Beobachter* in seiner für Köln bestimmten Ausgabe über die zunächst für 1938 geplante und dann wegen des »Anschlusses« von Österreich auf 1939 verschobene zweite Volkszählung der NS-Zeit (die Kölner waren für eine Probezählung ausersehen):

> »Im Mai des kommenden Jahres wird die größte und bisher umfassendste, nicht nur in Deutschland, sondern in der ganzen Welt durchgeführte Volkszählung stattfinden. (...) Die Gründe für die Erweiterung des Umfanges der Volkszählung 1938 sind in dem Bedürfnis der nationalsozialistischen Regierung zu suchen, Unterlagen für bestimmte bisher noch nicht erforschte Gebiete des sozialen Aufbaues unseres Volkes zu erhalten. (...) Es ist deshalb Pflicht eines jeden Volksgenossen, die Fragebogen peinlichst genau auszufüllen und sich dessen bewußt zu sein, daß er damit dem Führer und seinen Mitarbeitern die Unterlagen für die Gesetzgebung der nächsten fünf oder zehn Jahre gibt.«[15]

Die Volkszählung von 1939 wuchs sich zur »Eröffnungsbilanz des großdeutschen Reiches« aus. Polizei und Gendarmerie »hatten die Zählung nach Kräften zu unterstützen« und »in schwierigen, unübersichtlichen Wohngegenden als Zähler mitzuwirken«. »Um etwaiges Mißtrauen in der Bevölkerung zu bekämpfen, (war) mit Nachdruck darauf hinzuweisen, daß jedes Eindringen in die Vermögens- und Einkommensverhältnisse ausgeschlossen ist« und die Zähler »gegen jedermann zur Verschwiegenheit verpflichtet« seien. Man bot diesmal 750000 Zähler auf, in den Monaten zuvor hatten Tausende von Schulungskursen für Zähler stattgefunden. Je nachdem wie »schwierig« ein Zählbezirk war, war fünf bis acht Zählern je ein Oberzähler zugeteilt.[16]

Die Ergebnisse der Volkszählung dienten zunächst dazu, die Melderegister auf den neuesten Stand zu bringen. Aufgrund der Reichsmeldeordnung von 1938 gab es einheitliche Registerkarten im gesamten Reich, die eine Rubrik »Abstammung« enthielten: In einem Brief des Hauptamts Ordnungspolizei an das Innenministerium im Dezember 1938 heißt es dazu:

> »Die Fragespalte ist in die Einheitsregisterkarte nur vorsorglich aufgenommen worden, um sie zu gegebener Zeit ausfüllen lassen zu können. Dieser Zeitpunkt würde mit der im Mai nächsten Jahres stattfindenden Volks-, Berufs- und Betriebszählung gekommen sein, weil ihr Fragebogen durch eine Ergänzungskarte vervollständigt wird, welche die Frage enthält, ob einer der vier Großelternteile der Rasse nach Volljude ist oder war. Das Ergebnis dieser Umfrage soll dann auch für die Meldekarteien ausgewertet werden.«[17]

Wie sehr die Volkszählung von 1939 der Kriegsvorbereitung und der später beginnenden systematischen Vernichtung der Juden diente, zeigt das Protokoll einer Sitzung, zu der sich – unmittelbar nach Kriegsbeginn – am 6. Dezember 1939 die Spitzen aller wichtigen Ministerien trafen. Im Statistischen Reichsamt besprachen sie die Prioritäten für die Auswertung der Volkszählungsergebnisse:

> »Das Reichsernährungsministerium und der Reichsnährstand legten größten Wert auf beschleunigte Erstellung der Zahlen über die Wohnbevölkerung in ihrer Gliederung nach Geschlecht und nach den Altersklassen der Kinder und Jugendlichen, und zwar für die einzelnen Gemeinden, weil diese Zahlen die wesentliche Unterlage für die Bewirtschaftung der verfügbaren Nahrungsmittel bilden. Die Vertreter des Reichsinnenministeriums und des Reichsführers SS hielten die Fertigung von Namenslisten für die Ausländer und die Personen mit fremder Volkstumszugehörigkeit sowie die Auszählung der Juden und jüdischen Mischlinge für ihre Arbeiten als durchaus vordringlich. Demgemäß wurde die Erledigung der vorbezeichneten Aufgaben als ein ›Sofortprogramm‹ angesehen, dessen

> Fertigstellung das Statistische Reichsamt etwa für Ende November 1939 in Aussicht stellte. Nach Beendigung dieser Arbeiten soll nach dringendem Wunsch des Oberkommandos der Wehrmacht und des Reichsarbeitsministeriums die Aufbereitung der Berufszählung (Berufe in Kombination mit dem sozialen Aufbau) erfolgen, für welche das Statistische Reichsamt einen Zeitraum bis Mitte nächsten Jahres benötigt.«[18]

Die Grundlage dafür, daß das Reichsinnenministerium und die SS die »Fertigung von Namenslisten für die Ausländer und die Personen mit fremder Volkstumszugehörigkeit« – sprich: Juden – verlangen konnten, war die »Ergänzungskarte«, die bei der Volkszählung von 1939 neben der Haushaltungsliste auszufüllen war. Auf dieser gemeinsam von Sicherheitsdienst, Ordnungspolizei und Statistischem Reichsamt ausgearbeiteten Karte fragten die Behörden nach der »Abstammung« (»Ist oder war einer der vier Großeltern Jude?«) und gleichzeitig im Auftrag der Wehrmacht nach »Vor- und Ausbildung«. Die Ergänzungskarte sollte in einem eigens beigelegten verschlossenen Umschlag abgegeben werden. Dieser Umschlag hatte zusammen mit der amtlich beteuerten Verschwiegenheit der Zähler den Zweck, die potentiellen Opfer in Gutgläubigkeit zu wiegen, um durch die scheinbare Anonymität »unbedingt zuverlässige Angaben zu erleichtern und sicherzustellen«. Andererseits standen »natürlich auf falsche Angaben oder Verweigerung der Angaben erhebliche Strafen«[19]. Die Ergänzungskarte bezweckte von vornherein die Errichtung zweier Namenskarteien:

1. Der Sicherheitsdienst, der seit Jahren an einer Reichskartei der Juden und jüdischen Mischlinge mit mäßigem Erfolg laboriert hatte, konnte seine Kartei erst mit Hilfe des Statistischen Reichsamtes zur fast perfekten Lückenlosigkeit ausbauen. Und genau diese Lückenlosigkeit war für den späteren reibungslosen Ablauf der »Evakuierung« erforderlich.
2. Die Wehrmacht hatte die Ergänzungskarte ebenfalls für eine namentliche Erfassung gefordert und genutzt. Sie wollte den »Menscheneinsatz« im Krieg optimieren und baute sich daher ein das gesamte Reich umfassendes, nach Berufen gegliedertes Personenregister auf – es erfaßte den erlernten Beruf, nicht den ausgeübten.[20]

Die Konfessionen in der SS

(in Prozenten)

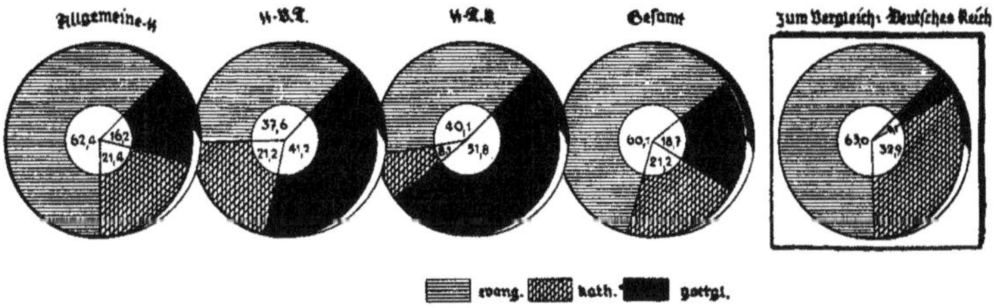

Die sonstigen Konfessionen sind der Geringfügigkeit wegen hier nicht dargestellt und zum zahlenmäßigen Ausgleich jeweils der größten Gruppe zugerechnet

Die Statistik zeigt den Anteil der »Gottgläubigen« in den einzelnen Teilen der SS. (SS-V.T. = SS-Verfügungstruppe, SS-T.V. = SS-Totenkopfverbände.) »Gottgläubig« durften sich nur Arier nennen, überzeugte antiklerikale Nazis, wichtige Kader des Regimes. Bei der Volkszählung von 1939 ermittelte das Statistische Reichsamt im Rahmen der Religionszählung diese besondere Qualität für die gesamte Bevölkerung. Im Durchschnitt waren 3,5 % der Bevölkerung »gottgläubig«, sehr wenige auf dem Land, in Berlin 10,1 %, in Braunschweig 11,3 %, in Graz 12,8 %, Jena 15,8 %, Leipzig 9,9 %, Wien 6,4 %, München 2,2 %.

Auch sonst war es mit der statistischen Anonymität im Reichsamt nicht weit her gewesen. Seit 1936 führte es eine »Zentralkartei der Kraftfahrzeugbesitzer und Kraftfahrzeuge für die Wehrmacht«[21] (der heutige Kfz-Brief ist übrigens 1934 als »Wehrpaß des Kraftfahrzeugs« eingeführt worden), und von 1940 an auf Wunsch des Innenministeriums zwei Sonderkarteien über Mehrlingsgeburten und Blutsverwandtenehen, als bürokratische Grundlagen von »Erbforschung« und »Ausmerze«.[22]
Die Geschichte des Statistischen Reichsamtes wäre nicht vollständig, würden wir nicht auf die ständige Ausweitung seiner Erhebungen auf die besetzten Länder hinweisen. Einwohnererfassungen, Betriebserhebungen, Volkszählungen sind in den Jahren 1939–1943 im Elsaß ebenso wie im »Warthegau« durchgeführt worden, im »Generalkommissariat Ostland« (Riga) wirkte eine aufgeblähte Filiale des Statistischen Reichsamtes. Die Boden-, Betriebs- und Menschenerfassungen waren auf Spaltung und koloniale Ausbeutung gerichtet.

Die Statistiker

Der nationalsozialistische Staat räumte den Statistischen Wissenschaften eine Stellung ein, die weit über die Erhebung nackter Zahlen und allgemeiner ökonomischer Rahmenbedingungen hinausging. Hinter der Schwülstigkeit der Ideologien von Blut und Boden, Erbgut und drohendem Volkstod verbarg sich eine Sozialpolitik, die im Gewand der Objektivität auftrat. Nicht umsonst waren bei Heirat, Kindergeldgewährung, Sterilisation, »rassischer Einordnung« und »Selektion« fast immer Ärzte dabei, jedenfalls Gutachter, die dem an sich bürokratischen Aussonderungsvorgang einen Anstrich von wissenschaftlicher Rationalität gaben. Nie sind in Deutschland so viele Gutachten geschrieben, nie so viele einzelne Daten in einer Fülle von Kartotheken, Registern über einzelne Menschen festgeschrieben worden wie in diesen zwölf Jahren. Die Herrschaftsmethode läßt sich als ebenso bürokratisch wie wissenschaftlich beschreiben. Eigen ist beiden Verfahrensweisen die Abstraktion vom einzelnen konkreten Menschen, er wird zum Fall, Probanden, Karteiträger.

Die Wissenschaftlichkeit nimmt dem sozialen Konflikt das Subjektive und gibt zumindest Anhaltspunkte, sich bildenden Aggressionspotentialen von außen eine Richtung zu geben. Der Kern der bürokratisch-wissenschaftlichen Methodik ist immer gleich: gesellschaftliche Vorgänge werden individualisiert.

In dieser Konstellation mußte die Empirie von Anfang an eine zentrale Stellung einnehmen. Sie diente dazu, wie Johannes Müller, der Präsident des Thüringischen Statistischen Landesamtes, schrieb, auf den »neuen Wegen«, die das Regime beschritt, die Gesamtrichtung im Auge zu behalten, damit die »Richtung nicht ungewollt eine Verschiebung erfährt – für derartige aufmerksame Beobachtung ist aber die Statistik das beste Hilfsmittel«. Bei weltanschaulich motivierten Maßnahmen träten »unausweichlich im Laufe der Zeit Nebenerscheinungen auf, an die man zunächst nicht hat denken können, Nebenerscheinungen, die es zu verstärken oder abzuschwächen gilt«.[23]

In dem Prozeß fortschreitender sozialpolitischer Zergliederung gab die Statistik die Daten vor, selektierte und korrigierte. Im Rahmen der Bevölkerungspolitik z. B. förderten die Nationalsozialisten nicht etwa den Kinderreichtum allgemein. Die als rassisch Minderwertige, erbbiologisch Unerwünschte oder als asoziale Großfamilien Angesehenen wurden ausgegliedert, und nur die »hochstehende erbbiologisch wertvolle deutsche Familie« kam in den Genuß des staatlichen Gebäranreizes. Die Statistik legte die Quoten fest, erarbeitete handhabbare Kriterien für diese umfassende Bevölkerungspolitik. In dem Maße, in dem das Egalitätsprinzip ruiniert wurde, die Bevölkerung immer umfangreicher in Kategorien wie »hoch- und tiefstehend« erfaßt wurde, in dem Maße stieg die Macht der Statistik. Sie hatte keine innere Grenze gegen den Gebrauch durch die Nazis, die Wissenschaftler und ihre Methoden bedurften zu Beginn des Dritten Reiches keiner äußeren Gleichschaltung.

Friedrich Zahn

Friedrich Zahn, geboren 1869, war von 1907 bis 1939 Präsident des Bayerischen Statistischen Landesamtes. Er diente dem König, der Republik und dem Nationalsozialismus. Unter seiner Leitung kam das Amt, wie die Personalakte vermerkt, dem Ideal einer »gleichmäßig rasch, geschickt und fördernd dienenden Statistischen Behörde von allen deutschen Statistischen Landesämtern wohl am nächsten«.

Zahn hatte unter allen Regierungen »eine Unzahl ehrenvoller Sonderfunktionen«: 1918 war er Vorsitzender des Kriegswucheramtes, bis 1924 Vorsitzender der Landesgetreidestelle, 1932–1934, während der Notverordnungszeit, Landespreiskommissar, 1931 und 1933 Landeswahlleiter, nach 1933 Beisitzer des Reichskartellgerichts, Mitglied des Bevölkerungspolitischen Ausschusses und der Gutachterkommission zur Arbeitslosenfrage. Er gab das *Allgemeine Statistische Archiv* heraus, war Vorsitzender der Deutschen Statistischen Gesellschaft, Ehrenmitglied der American Statistical Association, von 1931 bis 1936 Präsident des Internationalen Statistischen Instituts, danach Ehrenpräsident. An der Münchener Universität las er als Honorarprofessor die Fächer Statistik und Sozialpolitik.[24]

1933 wurde Friedrich Zahn förderndes Mitglied der SS, den Ausschluß der Juden aus dem Berufsverband besorgte er lautlos. »Er gibt bei Sammlungen gern und reichlich«, heißt es in seinem parteiamtlichen »Gesamturteil«, »beflaggt bei allen offiziellen Anlässen, grüßt mit dem deutschen Gruß und hält auch den VB (*Völkischer Beobachter*, d. Verf.). Kirchliche Bindungen sind nicht vorhanden. Einsatz für Reich und Bewegung sind gegeben, doch wird von seiten der Ortsgruppe seines hohen Alters wegen tätige Mitarbeit von ihm nicht verlangt.«[25]

Friedrich Zahn war der große alte Herr der deutschen und auch der internationalen Statistik. Seine Artikel aus der NS-Zeit sind weniger fundierte statistische Analysen als vielmehr Fingerzeige des Seniors, der den jungen Praktikern Rückendeckung gibt. Friedrich Zahn war es noch vergönnt, die »ausgedehnte Mitarbeit der Statistik« im »totalen Krieg«[26] zu würdigen und zu fördern. Er starb als Ehrenbürger seiner Geburtsstadt Wunsiedel am 1. Februar 1946.

Friedrich Burgdörfer

Er war 21 Jahre jünger als Zahn, sein Schüler – im Sommer 1939 folgte er ihm auf dem Präsidentenposten des Bayerischen Statistischen Landesamts. Burgdörfer war bis 1921 »vom Präsident Dr. Zahn praktisch in alle Gebiete der Statistik eingeführt (worden)«[27], danach ans Statistische Reichsamt berufen, wurde er 1925 Direktor der Abteilung Bevölkerungs- und Kulturstatistik. Er hat die Volkszählungen von 1925 und 1933 mit vorbereitet und ausgewertet. Für die Volkszählung von 1939 war er der Verbindungsmann zwischen dem Hauptamt Ordnungspolizei und der Wehrmacht einerseits und dem Statistischen Reichsamt andererseits.

In zahllosen, sich inhaltlich wiederholenden Publikationen hat Burgdörfer seit 1928 das Lied vom »Volkstod« variiert. »Volk ohne Jugend«, ein Buch, dessen Titel sich bewußt an »Volk ohne Raum« anlehnte, handelte von »Geburtenschwund und Überalterung des deutschen Volkskörpers«, erschien 1932 als eines der vielen populärwissenschaftlichen Vorspiele des Nationalsozialismus. Gewidmet war das Buch seiner Frau, »der Mutter meiner Kinder« – zweier Söhne und zweier Töchter: »eine erbbiologisch gesunde deutsche Vollfamilie«, ohne die »das Volk biologisch dem Abgrund zutreibt«.

Diese Vollfamilie war, wie das deutsche Volk selbst, bedroht. Die erste Gefahr sah Burgdörfer in der großstädtischen »Rationalisierung des Geschlechtslebens«, die zuerst die »kulturtragenden Schichten« ergriff, während die »unteren Volksschichten sich noch ›proletarisch‹ vermehrten«. Burgdörfer rechnet vor, wie durch die unterschiedlichen Fortpflanzungsfrequenzen der einzelnen Klassen »automatisch eine bis zur Selbstvernichtung gehende Ausmerzung des qualitativ hochwertigen, kulturtragenden Volksteiles durch das Zweikindersystem (statt-)findet«.[28]

Die zweite Gefahr drohte aus seiner Sicht von den angrenzenden Völkern im Osten. Ihr starkes Wachstum deutet in Europa eine »bevölkerungspolitische Verschiebung« an – »von epochaler Bedeutung«. Im Osten stehe ein »biopolitischer Grenzkampf« bevor. Es gelte, dem polnischen »Bevölkerungsüberdruck« einen »dauerhaften Damm durch Ansiedlung deutscher Bauern entgegenzusetzen«, »einen Damm gegen die slawische Flut«, wie Burgdörfer im Schlußkapitel schrieb[29] und damit als Bevölkerungsstatistiker – ähnlich wie die Erb- und Rassehygieniker seiner Zeit – die beiden Koordinaten der späteren nationalsozialistischen Bevölkerungspolitik vorformulierte.

Der wissenschaftliche Propagandist und Praktiker Friedrich Burgdörfer gelangte nach 1933 als Bevölkerungspolitiker schnell zu Macht und Einfluß: Er arbeitete mit im Ausschuß für Rechtsfragen der Bevölkerungspolitik, der der *Akademie für Deutsches Recht* (geleitet von Hans Frank, dem späteren »Generalgouverneur«) zugeordnet war; Burgdörfer war als Referent dem *Rassenpolitischen Amt der NSDAP* verbunden, gehörte zur *Arbeitsgemeinschaft für Raumforschung*, zur *Deutschen Gesellschaft für Rassenhygiene*, als Mitglied des *Vereins für Wohnungsreform* war er ein glühender Verfechter des »geburtenfördernden Eigenheimgedankens«; er gab die einschlägigen Zeitschriften mit heraus, lehrte als Honorarprofessor.

1936 rechnet Burgdörfer aus Anlaß der »wiedererlangten Wehrfreiheit« den nächsten möglichen Krieg durch, oder, wie er sich ausdrückt, »die natürlichen Grundlagen der deutschen Wehrkraft«. Ergebnis: Im Jahr 1940 sei die Ausgangslage für Deutschland einigermaßen günstig. Die nach 1918 geborenen, von den Geburteneinbrüchen des Ersten Weltkrieges verschonten starken Jahrgänge rückten dann ins wehrfähige Alter ein – pro Jahr über 300 000 kriegstaugliche junge Männer; Frankreich und Polen zusammen verfügten zu diesem Zeitpunkt über etwa gleich viele als Soldaten geeignete Männer – ein Verhältnis, das sich in den dann folgenden Jahren jedoch ständig zuungunsten des Deutschen Reiches verschlechtern werde.[30]

Noch 1942 plante Burgdörfer zusammen mit der zuständigen Abteilung des Innenministeriums ein nicht mehr realisiertes *Reichsinstitut für Bevölkerungswissenschaft und Bevölkerungspolitik*. Das Konzeptionspapier formulierte er zusammen mit Ministerialrat Linden, der auch für die verschiedenen »Euthanasie«-Aktionen zuständig war:

> »Die Pflege und Stärkung der Volkskraft muß durch eine umfassende und alle Lebensgebiete durchdringende Bevölkerungspolitik sichergestellt werden. Die Lösung dieser Aufgaben setzt voraus, daß die Wirkungen, die von der Bevölkerungspolitik wie auch von den sonstigen Maßnahmen des Reichs auf den Volkskörper ausgehen, fortlaufend beobachtet, aufgrund neuer Erkenntnisse weiter entwickelt und in Verbindung mit allen einschlägigen Fragen planmäßig erforscht werden.«[31]

Friedrich Burgdörfer überstand den 8. Mai 1945 zunächst unerschüttert. Im Spätsommer verfaßte er lange Memoranden für die Amerikaner – sein neues Thema: Flüchtlingsstatistik. Im Oktober 1945 aber wurde er aufgrund einer alliierten Verfügung als Belasteter aus dem Amt entlassen, seine Lehrbefugnis wurde ihm entzogen. Mit den vollen Pensionsbezügen eines Präsidenten des Bayerischen Statistischen Landesamtes zog sich Burgdörfer ins Privatleben zurück. 1949 erhielt er seine Honorarprofessur zurück.[32] 1960 wählt ihn die Deutsche Statistische Gesellschaft zum Ehrenmitglied. Kurt Horstmann, einer der späteren Direktoren des Statistischen Bundesamtes, schrieb die Laudatio:

> »Burgdörfer ist, wenn auch einige seiner Formulierungen die nationalsozialistische Bevölkerungspolitik gestützt haben mögen, wissenschaftlich unabhängig und menschlich sauber ge-

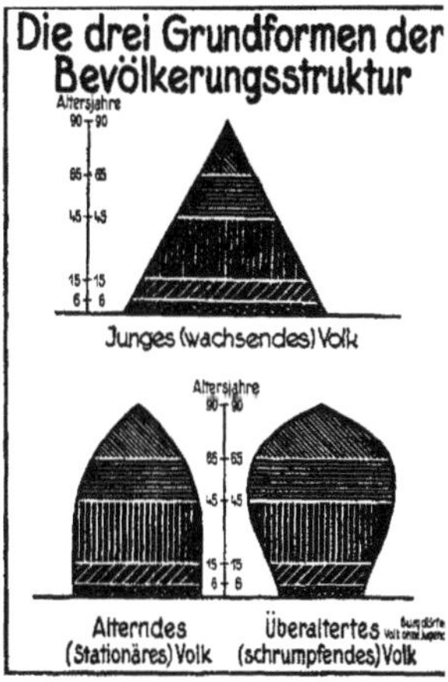

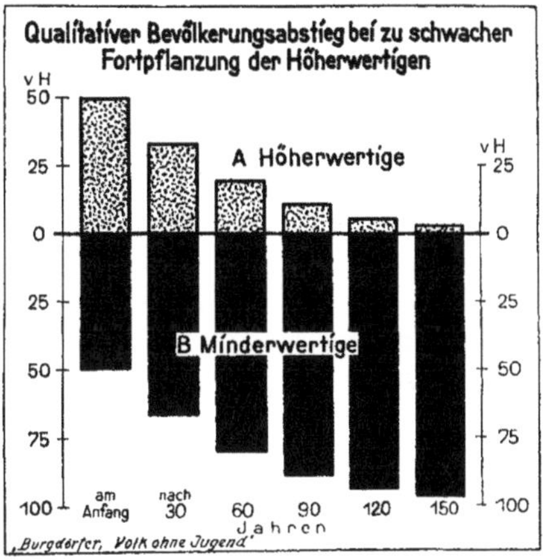

Burgdörfers theoretische Grundlagen: 1. »Die drei Grundformen der Bevölkerungsstruktur«, unten rechts insbesondere »die Urne des Volkstodes«; 2. »Qualitative Gegenauslese«. Die Begriffe »höherwertig« und »minderwertig« wurden die zentralen Begriffe der NS-Sozialpolitik.

> blieben. Es darf daran erinnert werden, daß er zwar die Frage nach der rassischen Abstammung bei der Volkszählung 1939 nicht verhindern konnte, es aber erreicht hat, daß die Antwort in einem verschlossenen Umschlag abzugeben war.«[33]

Was die Nachkriegsstatistiker noch alles unter »menschlich sauber« verstanden, darauf werden wir im übernächsten Kapitel gesondert eingehen. Burgdörfer starb hochgeehrt 1967 in München: »Die immer kleiner werdende alte Garde der Reichsamt-Statistiker betrauert den Tod eines alten Kollegen. (...) Vieles, wofür er gekämpft hat, (ist) Wirklichkeit geworden, auch wenn man dabei der Pioniere von früher nicht mehr gedenkt.«[34] So sagte es im *Allgemeinen Statistischen Archiv* einer seiner Schüler – Gerhard Fürst, der erste Präsident des Statistischen Bundesamtes in Wiesbaden.

Richard Korherr

Friedrich Burgdörfer war ein Mann, der »jede Versammlung und Besprechung der (NSDAP-) Ortsgruppe besuchte«, anders Richard Korherr: »Er ist stets mit wissenschaftlichen Problemen beschäftigt, bei politischen Veranstaltungen konnte man ihn nie sehen.« Weiter berichtete der Würzburger Kreisstellenleiter über den Direktor des Statistischen Amtes seiner Stadt: Korherr »ist eine ängstliche Natur, etwas menschenscheu, gereizt, empfindlich«. Als Berufsbezeichnung gab er niemals Direktor oder dergleichen an, sondern kurz und stolz: Statistiker. Dr. Korherr ging in den Jahren seiner Würzburger Tätigkeit (1935–1940) nicht zu den Bierabenden der Parteigliederungen, dafür war er Vertrauensmann des Sicherheitsdienstes für Auslandsfragen. Am 28. März 1939 bestellte ihn Himmler nach München zu einem längeren Gespräch. Die beiden Herren trafen sich im Hotel Vier Jahreszeiten, Korherr sollte die gesamte Statistik der SS in die Hand nehmen – »eine Aufgabe, wie sie für mich nicht herrlicher gestellt werden könnte«. Als »ängstliche Natur« beharrte er gleichzeitig darauf, als Beamter im Reichsdienst und mit Pensionsansprüchen in den SS-Apparat übernommen zu werden.

Am 9. Dezember 1940 verschaffte Himmler seinem Statistiker, der ihm bis dahin »als freier Gefolgsmann im Ehrenamt« zur Verfügung gestanden hatte, einen institutionellen Rahmen. Er ernannte ihn in Personalunion einerseits zum *Leiter der Statistischen Abteilung im SS-Hauptamt* und andererseits zum *Inspekteur für Statistik beim Reichsführer SS und Chef der deutschen Polizei und beim Reichskommissar für die Festigung deutschen Volkstums.* Diese langatmigen Amtsbezeichnungen umschrieben zwei wesentliche Funktionen: die Bündelung und Verwissenschaftlichung der Statistik in sämtlichen Ämtern der SS selbst und schließlich – als wichtigstes Arbeitsgebiet – das Zusammenstellen statistischer Grundlagen zur »Festigung des deutschen Volkstums«. Das bedeutete: »Umsiedlung«, »Umvolkung«, »Eindeutschung« – Begriffe einer imperialistischen Konzeption, die den unterworfenen Staaten die Staatlichkeit nahm und sie in mehr oder weniger »tiefstehende«, rivalisierende und gegeneinandergehetzte »Volkstümer« aufteilte. Richard Korherr, zu dessen fachlichem Arbeitsbereich später die »Statistik der Endlösung« gehören sollte, hatte das sozialwissenschaftliche Grundmaterial beizusteuern. Diesen Aspekt seiner Tätigkeit hatte ihm Himmler im Hotel Vier Jahreszeiten im März 1939 vorgezeichnet »als den einzig dauerhaften Weg zur Sicherung Deutschlands und seiner Weltherrschaft«.

Anfang 1940 war Korherr bereits in Himmlers Auftrag »nach Osten« gereist, »zum Studium der Umsiedlung«. Am 1. Oktober 1940 hatte er dann im Rahmen eines »Gesamtvorschlags« einen »Einzelvorschlag zur Statistik beim Reichskommissar für die Festigung deutschen Volkstums« ausgearbeitet. Darin heißt es:

> »Darüber hinaus würde ich eine dankenswerte persönliche Aufgabe sehen, bei der ich in stiller wissenschaftlicher Arbeit für die Praxis wirken könnte, nämlich für Hauptabteilung I (Menscheneinsatz): Erfassung des deutschen Menschen im deutschen Lebensraum, vor allem außerhalb des Reiches, der Mischbevölkerungen, der Fremdrassigen als wissenschaftliche Vorarbeit für die Umsiedlung. Gerade diese Statistik, die unmittelbar in das große Geschehen eingreift, benötigt eine äußerst exakte wissenschaftliche Bearbeitung, die in Zusammenarbeit mit den verschiedenen Instituten auf diesem Gebiete (Deutsches Auslandsinstitut, Südostinstitut) und unter kritischer Prüfung der meist widersprechenden amtlichen und Volkstumsstatistiken erfolgen müßte. Zunächst würde es sich um Sammlung und Ordnung und wissenschaftliche Überprüfung und Wertung des umkämpften Materials handeln, dann um seine wissenschaftliche Ausarbeitung und Auswertung für die Praxis, damit an dieser Stelle schließlich das beste und zuverlässigste überhaupt erreichbare Material für die Zwecke der Umsiedlung und insgesamt für die Festigung deutschen Volkstums vorliegen würde.«[35]

Korherr hatte innerhalb der SS unsägliche Schwierigkeiten, sie reichten bis zu schallenden Ohrfeigen, die ihm der Chef des Rassen- und Siedlungshauptamtes, Otto Hoffmann, verpaßte. In der Zweiten Kriegsphase, nach Stalingrad, mußte die Stellung dieses Mannes, der fortlaufend über alle »statistischen Ergebnisse und Folgerungen erfreulicher und unerfreulicher Art« unterrichtete, immer unhaltbarer werden. Aber Korherr hatte bis zum Ende das absolute Vertrauen Himmlers und seines Persönlichen Stabes. Er konnte es sich in seinem Gutachten »Zur russischen Wehrkraft« (1943) ohne weiteres erlauben, Hitlers und Görings Reden von der »zerschmetterten« Roten Armee zu zitieren und fragend fortzufahren: »Was sagt die russische Statistik zu diesen Feststellungen?« Sie sagte laut Korherrs Berechnungen: »›General Zeit‹ arbeitet wehrkraftmäßig für Rußland.« In den Jahrgängen 1924–1926 werden 649 000 wehrfähige deutsche Männer 2,2 Millionen sowjetischen gegenüberstehen. »Rußland ist schwerst angeschlagen, aber es ist immer noch der beachtlichste Gegner.« Im Gegensatz zur deutschen Generalität ließ sich Korherr sein analytisches Urteil nicht durch den eigenen rassistischen Dünkel trüben.

Korherr wurde 1903 in Regensburg geboren. 1926 promovierte er in Erlangen mit einer staatswissenschaftlichen Arbeit zum Geburtenrückgang, die er Oswald Spengler widmete. Seine öffentliche Laufbahn begann er als Bevölkerungsideologe. Er schrieb gegen »das Geschrei von der Gleichberechtigung der Menschen«, malte die »Vernegerung« Frankreichs und Portugals an die Wand, in Mittelamerika lokalisierte er den ungerechten Kampf der »roten« Indios unter General Sandino »gegen die weiße Rasse«.[36] »Wegen öffentlichen Vorbringens nationalsozialistischer Ideen« wurde er 1930 auf Intervention des preußischen Ministerpräsidenten Otto Braun aus der finanzstatistischen Abteilung des Statistischen Reichsamts enfernt. Danach leitete er als Geschäftsführer den Arbeitskreis *Reich und Heimat*. Am 1. Januar 1934 übernahm ihn das Bayerische Statistische Landesamt. Präsident Zahn ließ sein Diensteintrittsjahr rückwirkend auf 1928 festlegen. Neben Himmler interessierte sich Mussolini für seine Arbeiten, der sein Buch »Geburtenrückgang« »eigenhändig« ins Italienische übersetzt haben wollte. Je mehr sich der Nationalsozialismus in seinen Strukturen festigte, desto nüchterner und klarer aber wurden Korherrs Analysen. Erst im Winter 1944/45, als die Nachrichtenverbindungen zusammenbrachen und er über immer weniger harte Zahlen verfügen konnte, fand Korherr zu den schwülstig-ideologischen Formen der Darstellung zurück, die am Anfang seiner Laufbahn gestanden hatten: »Roms Standfestigkeit in seinem Lebenskampf gegen Karthago« war der Titel seiner letzten, für Heinrich Himmler erarbeiteten Studie.[37]

Soweit Korherr als Inspekteur zur Kontrolle der SS selbst eingesetzt war, ist er zweifelsohne gescheitert: Zum 1. Januar 1944 befahl sein Chef die Umbenennung seiner Dienststelle in *Statistisch-wissenschaftliches Institut beim Reichsführer SS*, lobte Korherr, der selbst nicht Mitglied der SS war, in eine bombensichere Außenstelle weg (das Jagdschloß Tiergarten der Fürsten von Thurn & Taxis in der Nähe von Regensburg) und beförderte ihn zum Ministerialrat. Am selben Tag aber schuf sich Himmler ein neues, anonymeres, personalpolitisches Kontrollinstrument:

»Organisationsbefehl.

1.) Die Kriegslage erfordert die bestmögliche Ausnutzung aller in jedem der SS und Polizei angehörenden fachlichen und beruflichen Eigenschaften.
2.) Fehllenkungen in der Art der Verwendung der einzelnen Persönlichkeit können wir uns nicht mehr erlauben.
3.) Mit Wirkung vom 1. Januar 1944 wird das ›Maschinelle Zentralinstitut für die optimale Menschenerfassung und Auswertung‹ errichtet.

Sein Leiter und das gesamte Institut unterstehen mir persönlich und unmittelbar.«[38]

Das *Maschinelle Zentralinstitut für optimale Menschenerfassung und Auswertung* war der Versuch einer automatisierten Personallenkung, die inneren Reibungsverluste dieser Schutzstaffel des Nationalsozialismus mit denselben Methoden und Techniken möglichst niedrig zu halten, mit denen jahrelang die Komplikationen und Unwägbarkeiten der nach außen gerichteten Vernichtungsfeldzüge minimiert worden waren.

So haben die immer feineren, weiter formalisierten und mechanisierten Erfassungstechniken schließlich – in den letzten beiden Kriegsjahren – ihre Meister immer überflüssiger gemacht. Bei Kriegsende hatte die Erfassungsmaschinerie – wie das letzte Kapitel dieses Buches zeigen wird – einen derartigen Selbstlauf erreicht, daß sie sich sowohl von den traditionellen, statistischen Institutionen löste als auch eitle Wissenschaftler des Schlages Korherr oder Burgdörfer als zu kantige Störfaktoren hinter sich ließ.

Melden, erfassen, sortieren

Der deutsche Turm

»Mein Führer«, schrieb der Freiburger Rechtsanwalt Erwin Cuntz am 22. November 1934, »vertrauensvoll wende ich mich an Sie«. Cuntz trug seinem Führer Gedanken vor, die ihn »seit bald dreißig Jahren« beschäftigten, Gedanken, von denen er das Gefühl hatte, »daß jetzt für sie die Zeit gekommen« sei. Cuntz reichte seinen Vorschlag »Deutsche Kartei« mit anliegender Skizze ein, nicht ohne der Hoffnung Ausdruck zu geben, »seine Ideen einmal mündlich zu entwickeln«. Sie landeten auf dem Verwaltungsweg im Reichs- und Preußischen Ministerium des Inneren. Dort waren für die Neuordnung des Meldewesens zuständig Ministerialrat Erich Liebermann von Sonnenberg und sein Zuarbeiter, Oberregierungsrat Dr. Artur Kääb. Sie koordinierten die neue Reichsgesetzgebung für ein einheitliches Melderecht, das im Januar 1938 in Kraft trat, wirkten mit an dem neuen Personenstandsgesetz vom November 1937 und waren federführend, als eine nach Jahrgängen geordnete reichseinheitliche »Volkskartei« eingerichtet und wenige Tage vor Beginn des Zweiten Weltkriegs fertig wurde. Der Dienstvorgesetzte von Kääb und Liebermann war der *Chef der Ordnungspolizei*, Generaloberst der Polizei, SS-Oberst-Gruppenführer Kurt Daluege. Beginnen wir aber mit dem Vorschlag von Erwin Cuntz.

> »Deutsche Kartei
> Noch gibt es keine Stelle, bei der ohne weiteres die Adresse jedes Deutschen und das sonst für ihn Wissenswerte mit einem Griffe gewissermaßen ermittelt werden könnte, und doch wäre eine solche Stelle sehr wünschenswert und ihre Errichtung auch keineswegs besonders schwierig, wie in folgendem gezeigt werden soll.

Man muß nur zu der Einsicht vordringen, daß der Mensch ein bewegliches, sich selbst bewegendes Wesen ist, daß man daher als Grundlage einer Organisation nicht etwas wählen darf, das ständig wechseln kann und auch bei Millionen ständig wechselt, nämlich Wohnsitz und Wohnung, sondern etwas, was fest und immer gleich bleibt, nämlich Geburtsdatum und Geburtsort, in weiterem Rahmen auch Rasse und Stamm.
Man muß auch hier statt des Territorialprinzips das Personalitätsprinzip anwenden, fur das ich mich seit Jahrzehnten einsetze, insbesondere, weil nur so die menschlichen Einrichtungen mit den Fortschritten der Technik in Einklang gebracht werden können. Gleichschaltung mit der Technik heißt hier die Forderung. Das mir vorschwebende Ziel kann daher nicht erreicht werden durch eine Aufhäufung von Adreßbüchern aus ganz Deutschland. Adreßbücher veralten zu schnell. Außerdem würde es eine ungeheuere Mühe bedeuten, wollte man alle diese Adreßbücher dann auf eine bestimmte Person durchsuchen. Ganz abgesehen davon, daß es für viele Gegenden noch gar keine Adreßbücher gibt und daß viele Menschen es vorziehen, sich nicht anzumelden.
Mein Vorschlag geht nun dahin, unter dem Namen ›Deutsche Kartei‹ eine Stelle, gewissermaßen ein deutsches Hauptmeldeamt zu errichten, bei dem jeder Wohnungswechsel, jede über sechs Wochen dauernde Reise, jeder Berufswechsel, jeder Todesfall und jede Geburt sofort anzumelden wäre. Unterlassung dieser Anmeldung wäre streng zu bestrafen. Die Einordnung der täglich einlaufenden Anzeigen geschehe nun in der Weise, daß die im gleichen Jahre Geborenen und in zeitlichem Abstand von 25 Jahren Geborenen jeweils zusammengefaßt werden, wobei dann gleicher Geburtsmonat und gleicher Geburtstag weitere Unterabteilungen bilden.
Am übersichtlichsten wäre es, wenn in Berlin oder auch einer anderen zentraler gelegenen Stadt Deutschlands ein runder Turm mit 25 Geschossen errichtet würde, von denen jedes Geschoß zwölf kreisförmig angeordnete Räume, für jeden Monat einen enthielte, in welchem dann jeweils 30 bzw. 31 Schränke für jeden Tag des Monats stünden, die die eigentliche Registratur bzw. Kartei dann enthalten würde. Im ersten Geschoß wären

dann aufbewahrt die A-Namen der in den Jahren 1901, 1926, 1876, 1851 und vielleicht 1826 Geborenen. Im dritten Geschoß die Jahrgänge 1828, 1853, 1878, 1903, 1928 usf., im 25. die von 1850, 1875, 1900, 1925 usw.

Ich habe in einer kleinen Skizze das noch besser zu veranschaulichen gesucht.

In diesem Zusammenhang sei angedeutet, um welche Zahlen es sich hier handeln würde. Es ist dabei die merkwürdige Tatsache zu beachten, daß die Zahlen der in den einzelnen Jahren Geborenen und auch die der jeweils in den einzelnen Monaten Geborenen keine allzugroßen Unterschiede aufweist, wenn nicht besondere Gründe wie Krieg usw. vorliegen. Wenn wir daher rund 60 Millionen Deutsche annehmen, so würden in jedem Geschoß 2,4 Millionen und in jedem der zwölf Räume also 200 000, in jedem der 30 Karteischränke rund 7000 Namen zu registrieren sein.

Bei der Registrierung dieser 7000 Namen erfolgt dann zuerst die Einteilung nach dem Geschlecht, dann nach dem Alphabet und Geburtsort. Diese Karthothek wäre so einzurichten, daß z. B. zuunterst sämtliche am 11. Juni 1828, dann die am gleichen Tag 1878, 1853, dann 1878, dann 1903 und schließlich als oberste Lage die von 1928 kämen.

Wenn dann auf der Namenskarte der jeweilige Wohnort fortlaufend angegeben wird, so genügt, wenn der Geburtsort der nachgefragten Person bekannt ist, tatsächlich ein Griff um festzustellen, wie deren gegenwärtige Adresse lautet.

Eine weitere Einrichtung wird es aber ermöglichen, alsbald die Adresse zu ermitteln, auch wenn der Geburtstag nicht bekannt ist. In jedem der für die im gleichen Monat geborenen vorhandenen insgesamt 300 nämlich 25 mal 12 Zimmer, in welchen dann jeweils die 30 bis 31 Karteischränke stehen, sind die sämtlichen Namen in einem rund also 200 000 Namen umfassenden Bande alphabetisch zu ordnen, wobei aber bei den Namen nicht etwa die Adresse anzugeben ist, denn das würde ja eine ständige Berichtigung erfordern, sondern lediglich das Geburtsdatum. Ein solcher Band würde also in einer ein für allemal feststehenden Weise die Namen aller in ein und dem gleichen Monat und außerdem in demselben oder

25, 50 oder 75 Jahre früher oder später Geborenen umfassen. Es würde wohl von selbst dazukommen, daß man die zwölf Bände je eines Geschosses dann auch zu einem Band mit rund 2,4 (Millionen, d. Verf.) Namen vereinigte, ja daß man zu einem einheitlichen Verzeichnis aller Deutschen käme, wenn man diese 25 Bände dann in einem Bande zusammenfassen würde. Natürlich brauchte dieser ja nicht gedruckt zu werden.

Würde also eine Anfrage nach einem Namen ohne Angabe der Geburt kommen, so würde er in den täglich bei den 300 Monatskammern mittels Rohrpost von der Centralposteinlaufstelle zu übermittelnden in 300 Exemplaren vervielfältigtem Suchband nachzusehen, ob überhaupt eine Person dieses Namens in dem betreffenden Raum registriert ist, und zutreffenden Falles dann an der Hand der Geburtskarte deren Wohnsitz zu ermitteln.

Die Einrichtung einer solchen Kartei würde sich in verhältnismäßig kurzer Zeit ermöglichen lassen. Das Gebäude, der Turm für die deutsche Kartei, wäre in ein paar Jahren erbaut. Die grundlegenden Adressen könnten dadurch beschafft werden, daß das aus den Volkszählungen beim Statistischen Amt vorhandene Material entsprechend geordnet wird, und außerdem könnte den Einwohnern Deutschlands zur Pflicht gemacht werden, daß jeder auf einem amtlichen Vordruck, der amtlich zu bescheinigen und wertfrei weggeschickt werden könnte, an seinem Geburtstage eine Adresse und die sonstigen gewünschten Angaben einsendet. Dies könnte in einem Jahre geschehen und könnten dann nacheinander von gut eingearbeiteten Beamten diese Karten, von denen täglich dann 200–250 tausend einliefen, registriert werden.

Sobald aber die Kartei ganz eingerichtet ist, dürften 1500 Beamte den laufenden Betrieb bewältigen können.

Erwin Cuntz
geb. 11. VI. 1872«[1]

Der *deutsche Turm* ist in seinem inneren Aufbau nichts weiter als der handbetriebene Speicher einer nationalen Datenbank. Während sich das Magnetband dazu eignet, Daten abzuspeichern, die in regelmäßiger Folge nacheinander abgearbeitet werden sollen, z. B. die Daueraufträge einer Bank, dient die Magnetplatte dem schnellen Zugriff auf einzelne Daten: Die 25 Geschosse des deutschen Turms entsprechen einem Stapel solcher Platten, die einzelnen Monatszimmer den kreisförmigen (nicht wie bei der Schallplatte spiralförmigen) Spuren der Speicherplatte. Zum Beispiel liegen die Dezember-Zimmer des Turms genau übereinander, sie sind zu einer organisatorischen Einheit zusammengefaßt, ebenso die Spuren der Magnetplatten. Interessant am deutschen Turm ist das Suchverfahren. Jeder Deutsche bekommt eine feste Nummer als Index verpaßt, die ihm und seinen Daten einen lebenslang festen Platz im Datenspeicher zuweist (Geschlecht, Geburtsort, Geburtsdatum). Haben mehrere Datensätze die gleiche Indexnummer, wird nach einem zusätzlichen Gesichtspunkt, dem Alphabet, weitersortiert. Je nachdem, welche Angaben von einer Person bekannt sind, können im deutschen Turm verschiedene Verzeichnisse abgesucht werden, die alle so strukturiert sind, daß sie nicht geändert werden müssen.

Liebermann und Kääb lebten in der – gemessen an heutigen Verhältnissen – vorsintflutlichen Pappkartonzeit der Datenerfassung. Sie waren realistisch genug, zu sehen, daß ein »zentrales deutsches Einwohnermeldeamt« eine wirksame Kontrolle nicht gewährleisten könne. Das sei »nur an Ort und Stelle, also nur bei einem dezentralisierten Meldewesen möglich«. Der deutsche Turm, der »an sich begrüßenswerte Vorschlag aus dem Publikum«, würde »alsbald in seiner eigenen Papierfülle ersticken«.* Das galt für die Zeiten, als der Datenverbund nur per Brief und handgeschriebenen »Karteikarten-Doppelstücken« möglich war.

* E. Liebermann v. Sonnenberg, A. Kääb, Die Reichsmeldeordnung, 5. Aufl. München 1942, S. 16. (Die im folgenden Abschnitt in Klammern angegebenen Seitenzahlen beziehen sich auf dieses Buch, im weiteren zitieren wir das Buch als »Die Reichsmeldeordnung«.)

Die Reichsmeldeordnung

Die Reichsmeldeordnung vom 6. Januar 1938 gewöhnte die Deutschen – über den 8. Mai 1945 hinaus – an die polizeilichen Kontrollabläufe des An- und Abmeldeverfahrens, die bis dahin größtenteils unbekannt oder doch nur in einigen Ländern oder Orten gebräuchlich waren. Die Weimarer Republik hatte auch auf diesem Gebiet vorgearbeitet. Die Eisenacher Konferenz der Länder-Innenminister vom 31. Mai bis zum 9. Juni 1928 hatte über paß- und fremdenpolizeiliche Fragen beraten und die einheitliche Gestaltung der Meldevorschriften gefordert. Ein Musterentwurf dieser Konferenz brauchte am 22. April 1933 nur noch als »Polizeiverordnung über das Meldewesen« für Preußen in Kraft gesetzt zu werden (*Preuß. Gesetzblatt*, S. 219 ff.). Aber erst vom Januar 1938 an gab es eine reichsrechtliche und reichseinheitliche Meldegesetzgebung, die »zum Schutz der Volksgenossen vor Rechtsbrechern beitragen und der Sicherheitspolizei ihren Kampf gegen Rechtsbrecher erleichtern« sollte (*Die Reichsmeldeordnung*, S. III). Sie verfolgte zwei entgegengesetzte, aber in ihrer schwierigen Verbindung geradezu typische Ziele nazistischer Verwaltung: »Einmal sollte (sie) eine lückenlose Erfassung der Meldepflichtigen sowie der Wohnorts- und Wohnungsveränderungen verbürgen, gleichwohl den Volksgenossen die Erfüllung ihrer Meldepflicht nicht umständlicher und schwerer als bisher machen, sondern einfacher und leichter« (S. III/IV). So verzichtete das Innenministerium auf Gebühren jeder Art, verlängerte die Anmeldefrist auf eine Woche, definierte die Anmeldungsvoraussetzungen klar und »objektiv« und gab dem Haushaltsvorstand das Recht, seine gesamte Familie und auch im Haushalt lebende Nichtfamilienangehörige anzumelden, einheitliche Formulare sorgten für das geordnete und ordnende Gefühl der »Verreichlichung«. Gleichzeitig aber bedrohte das Gesetz die Scheinmeldung grundsätzlich mit Haft; die Meldeformulare aller Nichtdeutschen durchliefen automatisch die Ausländerämter der Kreispolizeibehörden; bei der Anmeldung war ein Ausweis vorzulegen, Strafen sollten in die Melderegister eingetragen werden; Krankenhäuser, Jugendherbergen, Hotels, private Zimmervermieter hatten ihre Gäste bzw. Patienten »laufend« innerhalb von 24 Stunden zu melden, Hausbesitzer desgleichen. (»Die Mitverantwortlichkeit für die Erfüllung der Meldepflicht durch die Hausbewohner gibt dem Hauseigentümer zugleich die erhöhte Berechtigung, im Hause auf Ordnung zu sehen« [S. 13].) Alle die Selbstverständlichkeiten des heutigen Meldewesens sind Errungenschaften des Jahres 1938.

Neu war auch die gegenseitige Benachrichtigung der Meldeämter: Den Zuzug einer Person oder Familie meldete die Behörde des Zuzugsortes an die Meldebehörde des Abzugsortes. Unstimmigkeiten lösten Nachforschungen aus. Ebenso wurden die Standesbeamten verpflichtet, ihre Beurkundungen den Meldeämtern automatisch mitzuteilen. Das neue reichseinheitliche Personenstandsgesetz vom 3. November 1937 (RGBl. I, 1146) und die dazugehörigen Verordnungen regelten den Austausch zwischen den einzelnen Standesämtern, weitreichende erb- und rassenhygienische Aufgaben des einzelnen Standesbeamten und seine Pflicht, für jeden in seinem Bezirk Geborenen ein »Sammelheft« zu führen.[2]

An die An- und Abmeldung knüpften sich seit dem 6. Januar 1938 viele weitere Benachrichtigungsvorgänge, die das Einwohnermeldeamt von sich aus, gebührenfrei, erledigte:

> »Die Anlegung einer Personenregisterkarte in dem Personenregister der Meldebehörde, die Aufnahme in das Hausregister, die Absendung der Rückmeldung mit der Anfrage nach etwaigen Vorstrafen, die Mitteilung an die Kraftfahrzeugzulassungsstelle bei Wohnungsveränderungen von Kraftfahrzeugbesitzern, an die Staatspolizeistelle bei Zuzug von Ausländern und Rückwanderern, und die Benachrichtigung der Verwendungskartei für den Luftschutz vom Zu- oder Fortzug von Luftschutzangehörigen. Weiterhin knüpft sich daran die Mitteilung des Zuzuges oder Wegzuges an das Finanzamt, die Gemeindeverwaltung, die Partei, bei Wehrpflichtigen an die Wehrersatzdienststellen und an das Statistische Reichsamt« (S. 7/8).

Darüber hinaus waren die Meldestellen pauschal ermächtigt, Informationen über »Einwohner auch anderen Behörden für deren gesetzliche Aufgabe zur Verfügung zu stellen« (RMBliV. S. 689). Die Vermerke »Auf Reisen abgemeldet«, »unbekannt verzogen«

sollten einer ungeordneten Vergangenheit angehören. Offensichtlich gab es ein nicht geringes individuelles Dissidententum, das das Hauptamt Kommunalpolitik der NSDAP mahnen ließ: »Es gibt viele jüngere Volksgenossen, die sich vom Arbeitsdienst oder Wehrdienst drücken wollen und sich auf ›Wanderschaft‹ abmelden, wodurch dann die Erfassung dieser Wehrpflichtigen unmöglich wird.«[3]

Das Melderecht war »besonders auf die großstädtischen Verhältnisse« zugeschnitten, »weil gerade in den großen Städten solche Personen Unterschlupf zu suchen pflegen, die sich aus irgendeinem Grunde ihrer behördlichen Registrierung und Kontrolle, also der Meldepflicht, entziehen wollen« (S. 6).

Perfekt war das Meldewesen in Bremen entwickelt; vor allem aber in Hamburg, das es schon 1891 »in zweckmäßiger Weise gesetzlich geregelt« und 1929 das letzte Mal verschärft hatte. Zum Entwurf der neuen Reichsmeldeordnung vertraulich Stellung nehmend, bat die Hamburger Innenbehörde »dringend«, »die reichsgesetzliche Regelung des Meldewesens so zu gestalten, daß Hamburg als die größte Handels- und Hafenstadt Deutschlands mit dem starken Verkehr von Ausländern, Seeleuten und sonstigen fluktuierenden Elementen seine bewährten Meldeeinrichtungen in ihrer bisherigen Zweckmäßigkeit und Wirksamkeit erhalten kann«. Die Hamburger Verhältnisse wurden Vorbild für das ganze Reich. In der Anlage des bereits zitierten Schreibens berichtet der Hamburger Polizeiherr »nach Fühlungnahme mit dem Statistischen Landesamt ergebenst das Folgende«:

> »Der Hauptvorzug des hamburgischen Meldewesens besteht in dem sog. Ausweiszwang. Das bedeutet, daß jeder sich bei der Anmeldung über seine Person und seine meldepflichtigen Angehörigen durch Urkunden auszuweisen hat. Infolgedessen kann die Meldekartei, die außerdem durch regelmäßige Mitteilungen der Standesämter auf dem laufenden gehalten wird, für behördliche Zwecke, wie z. B. Erteilung von Pässen, Führungszeugnissen, Aufenthalts-, Ledigkeitsbescheinigungen u. a. ohne weiteres als Unterlage benutzt werden. Ein weiterer Vorzug, der gleichfalls nicht preisgegeben werden darf, besteht darin, daß Hamburg neben seiner Meldekartei eine besondere, im Einvernehmen mit dem hiesigen Landesfinanzamt unter er-

heblichem Kostenaufwand beschaffte, auf Grund der Einwohnermeldungen ständig fortgeschriebene Adrema-Einrichtung (sog. Bevölkerungskartei) besitzt, welche die alljährliche Personenstandsaufnahme entbehrlich macht, aber infolgedessen besondere Fragen an den Meldepflichtigen (z. B. über seinen Betrieb) erfordert. Diese besonderen hamburgischen Belange müssen bei der künftigen reichsseitigen Regelung auf alle Fälle berücksichtigt werden.«[4]

Nach diesem Vorbild entstand ein reichseinheitliches Meldewesen, das »mehr war als ein Adreßbuch«; es glich einem Netz, das an »keiner Stelle Lücken aufweisen« durfte. »Es darf das um so weniger, weil das Meldewesen nicht nur ein Erfassungsmittel ist (...), sondern weil es zugleich eine unentbehrliche Grundlage für die Tätigkeit zahlreicher Behörden bildet, die im Reichsmaßstab arbeiten und planen und daher auf das im ganzen Reich, in Stadt und Land anfallenden Meldematerial angewiesen sind. Der Reichspost, dem Statistischen Reichsamt, der Reichsstelle für Raumordnung und dem Reichssippenamt wäre mit lückenhaftem Material und unvollständigen Auskünften ebensowenig gedient wie Kriminalpolizei und Gestapo. (...) Erwägungen sicherheitspolizeilicher Natur treten in der Reichsmeldeordnung überhaupt stärker hervor als in dem bisherigen Melderecht der Länder.« Kääb und Liebermann, die Schöpfer dieses Netzes, pflegten zu sagen: »Die Reichsmeldeordnung ist ein Beginn, kein Ende« (S. 18).

Die Kriegsvorschriften über das Meldewesen vom 6. September 1939 (RGBl. I, 1688) verschärften die Bestimmungen – »bis auf weiteres« – in einigen Punkten: In allen Hotels, Pensionen etc. hatte, wer dort übernachten wollte, einen Ausweis vorzulegen; Ausländer, die bis dahin den Deutschen melderechtlich gleichgestellt waren, mußten sich innerhalb von 24 Stunden anmelden; für Deutsche betrug die Meldefrist, statt einer Woche in Friedenszeiten, drei Tage. Kääb und Liebermann entschuldigten sich fast gegenüber den unteren Polizeidienststellen für diese möglicherweise lasch erscheinende Kriegsregelung:

»Polizeiliche Vorschriften, die sich an eine unbeschränkte Zahl von Personen wenden, sind auch durch Strafandrohung und Strafen nur durchzusetzen, wenn die Bevölkerung sie als not-

> wendig anerkennt und als tragbar empfindet. Auch im Melderecht erreicht man nicht um so mehr, je mehr man von den Meldepflichtigen fordert. Verlangt man zuviel, so erreicht man erst recht nichts. Hingegen setzen sich maßvolle Forderungen, denen konsequent gegenüber einzelnen Widerstrebenden Geltung verschafft wird, im Lauf der Zeit völlig durch« (S. 19).

Kääb und Liebermann haben nie ohne das einverständige Wohlwollen von Himmler, Heydrich und ihrem direkten Vorgesetzten Daluege gearbeitet, und gerade diese Sätze zeigen, wie wenig brachial, sondern wie vorsichtig überlegend die nazistischen Verwalter politischer Macht vorgegangen sind. In einem Teil der besetzten Gebiete und vor allem in den »eingegliederten« Ländern war die Reichsmeldeordnung sofort wichtiger Bestandteil des Besatzungsrechts – mit eindeutigen Zielen:

> »Die Geheime Staatspolizei hat bei Bekämpfung des polnisch-jüdischen kriminellen und politischen Verbrechertums festgestellt, daß die Bestimmungen der Reichsmeldeordnung von dem polnisch-jüdischen Bevölkerungsteil der eingegliederten Ostgebiete nicht beachtet werden. Polen und Juden betrachten es als nationale Pflicht, kriminellen und politischen Verbrechern, entwichenen Kriegsgefangenen, arbeitsvertragsbrüchig gewordenen fremdvölkischen Arbeitern, Personen, die sich absichtlich dem Arbeitseinsatz entziehen und illegal aus dem Generalgouvernement und aus der Sowjetunion eingewanderten Personen Unterschlupf zu gewähren. Diese Personen verüben fortlaufend Straftaten, werden von der kommunistischen oder national-polnischen Widerstandsbewegung finanziert oder sie bestreiten ihren Lebensunterhalt durch Schleichhandel und Schmuggel. (...) Wer sich nach diesem Zeitpunkt unangemeldet in den eingegliederten Ostgebieten aufhält oder wer anläßlich der polizeilichen Meldung falsche Angaben macht, wird einem Konzentrationslager zugeführt.
>
> Der Wohnungsinhaber, der es unterläßt, den Wohnungsnehmer innerhalb der durch die Reichsmeldeordnung vorgeschriebenen Frist anzumelden, der eine polizeilich nicht gemeldete Person oder eine Person, die sich nicht genügend ausweist, aufnimmt, wird ebenfalls in ein Konzentrationslager eingewiesen.

Die Familienangehörigen jüdischer und polnischer Wohnungsinhaber, die wegen der Übertretung der Reichsmeldeordnung bestraft werden müssen, werden aus dem oberschlesischen Raume ausgesiedelt.«*

Die Volkskartei

»Das polizeiliche Meldewesen ist gewiß eine friedliche Einrichtung. Trotzdem muß das Meldewesen so gestaltet sein, daß die Meldebehörden jederzeit auch den Anforderungen zu entsprechen vermögen, die im Interesse der Landesverteidigung und des Heimatschutzes gestellt werden.«**

Am 18. November 1938 proklamierte Hermann Göring vor dem *Reichsverteidigungsrat*, dem geheimen Koordinationsgremium akuter Kriegsvorbereitung: »Durch die Gründung einer Volkskartei soll eine restlose Übersicht über alle Deutschen gewonnen werden.«[5] Die Volkskartei sollte die Melderegister der Gemeinden ergänzen, alle Reichsangehörigen zwischen sechs und 70 Jahren nach Geburtsjahrgängen ordnen – »dringlich gefordert« hatte sie die Wehrmacht (S. III):

»Die Menschenverteilung ist das wichtigste und schwierigste, am weitesten rückständige Problem. Wegen des großen Mangels an Arbeitskräften muß eine Methode angewendet werden, die nicht mehr aus dem vollen schöpft, sondern vereinfacht, an Menschen spart. Der Mensch ist ein unersetzlicher Sparstoff. (...) Das Ziel für die Menschenverteilung ist die Vorbereitung des Einsatzes aller deutschen Menschen, einschließlich der

* Brief des Oberpräsidenten der Provinz Oberschlesien an den Regierungspräsidenten in Kattowitz. Er findet sich in einem außerordentlich umfangreichen Bestand meldepolizeilicher Akten im Woiwodschaftarchiv Katowice; RK 2791.

** E. Liebermann v. Sonnenberg, A. Kääb, Die Volkskartei, Ein Handbuch, mit einem Geleitwort des Chefs der Ordnungspolizei, Generaloberst der Polizei, SS-Oberst-Gruppenführer Daluege, 6. Aufl., München 1943. (Die im folgenden Abschnitt in Klammern angegebenen Seitenzahlen beziehen sich auf diese Veröffentlichung, im weiteren zitieren wir das Buch als »Die Volkskartei«.)

> Frauen, zwischen dem 14. und 70. Lebensjahre. (...) In das Aufgabengebiet des Generalbevollmächtigten für die Reichsverwaltung (Staatssekretär Stuckart, Reichsinnenministerium, d. Verf.) fallen: die Erfassung der Gesamtbevölkerung durch die Schaffung einer Volkskartei unter Ausnutzung der bereits 22,5 – bald 33,0 – Millionen umfassenden Arbeitsbuchkartei.«[6]

Die Arbeitsbuchpflicht war zum 1. Juni 1935 zur »zweckentsprechenden Verteilung der Arbeitskräfte« zunächst für industrielle Mangelberufe (Bergarbeiter, Metallfacharbeiter etc.) eingeführt und dann schnell auf immer neue Berufsgruppen ausgedehnt worden. Das Arbeitsbuch, äußerlich ein dünnes DIN-A-6-Heft, begann auf der ersten Seite mit der Arbeitsbuchnummer, die sich aus drei Teilen zusammensetzte: erstens eine Nummer für dasjenige der 345 Arbeitsämter, welches das Arbeitsbuch ausgestellt hatte; zweitens nötigenfalls ein Buchstabenzusatz, soweit es sich um eine Nebenstelle handelte, die für den Wohnsitz des Arbeiters zuständig war; und drittens die fortlaufende Nummer des Arbeitsamtes, das »parallel zu jedem Arbeitsbuch ... eine informationsidentische Karteikarte« führte. Die Arbeitsbücher und Arbeitsbuchkarteien sicherten also, daß »nicht nur die vorübergehend Arbeitslosen und Angestellten mit den für die planvolle Durchführung des Arbeitseinsatzes verantwortlichen Stellen ... in ständige Verbindung« gebracht wurden.

»Für die planvolle Verteilung der Arbeitskräfte auf weite Sicht« schien grundsätzlich vorgesorgt, ohne daß die sich verschärfenden »Verzerrungen des Arbeitsmarktes« mit lohnpolitischen Zugeständnissen abgefangen werden mußten. So dokumentierten das Arbeitsbuch und die dazugehörige Karteikarte den Verlauf eines Arbeitslebens, jeden Wechsel, jede Arbeitslosigkeit und den sogenannten Arbeitsvertragsbruch. Zwangsläufig begannen Arbeitsämter bald, sich um möglichst korrekte »Veränderungsanzeigen« zu sorgen:

> »Den An- und Abmeldevordrucken der Krankenkasse (wird) ein abtrennbarer Zettel angehängt, der nach Eingang der An- und Abmeldungen von der Krankenkasse abgetrennt und dem zuständigen Arbeitsamt weitergeleitet wird. Diese Maßnahme ist für die Instandhaltung der Arbeitsbuchkarte nicht hoch genug einzuschätzen.«[7]

Ähnliche Kontrolleinrichtungen vereinbarten die Arbeitsämter wenig später mit den Meldeämtern zur Kontrolle von Umzügen und mit den Standesämtern, um die »durch Tod Abgehenden« zu erfassen. Dieses auf die industriell tätige Arbeiterschaft und die kleinen und mittleren Angestellten gerichtete Erfassungssystem wurde in Gestalt der Volkskartei unmittelbar vor dem Zweiten Weltkrieg auf die ganze Bevölkerung ausgedehnt. Mit der bürokratischen Umsetzung war das Hauptamt Ordnungspolizei betraut – insbesondere Artur Kääb und Erich Liebermann von Sonnenberg, die, nach Dalueges Urteil, mit der neuen Reichsmeldeordnung bereits »bahnbrechende Arbeit geleistet«[8] hatten. Den Erlaß, der am 15. Februar 1939 für jeden Deutschen eine Volkskarteikarte verordnete, formulierte Liebermann, der in der Weimarer Zeit den Slogan »Die Polizei, Dein Freund, Dein Helfer« erfunden und den der sozialdemokratische Berliner Polizeipräsident Zörgiebel hochgeschätzt hatte:

> »Von besonderer Wichtigkeit wird die Kartei für die Reichsverteidigung sein, da sie nicht nur die Wehrpflichtigen, sondern die gesamte Bevölkerung erfaßt. Es wird im Kriegsfalle der Einsatz der Gesamtbevölkerung nur möglich sein und gemäß den Fähigkeiten der einzelnen Personen durchgeführt werden können, wenn in der Volkskartei ein einwandfreier Nachweis der verwendbaren Jahrgänge zur Verfügung steht. Der eigentliche Zweck dar Kartei ist ihre Verwendung als Erfassungsmittel. Dieser Zweck ist sofort erfüllt, wenn die Kartei aufgestellt ist und die Wohnungs- und Personenstandsveränderungen laufend eingetragen werden.«[9]

In der Fußnote merkten Kääb und Liebermann später an: die Ausdrücke »erfassen« oder gar »Erfassung« seien gewiß nicht schön. »Aber bis jetzt hat noch niemand ein besseres Wort dafür gefunden« (S. 3). Das Meldewesen war schon immer das »einzige ständig zur Verfügung stehende Mittel der Erfassung bestimmter Personengruppen«. Doch war »diese Eigenschaft des Meldewesens bis etwa 1934 nur wenig gepflegt worden« (S. 2). So gingen die polizeilichen Vordenker in den letzten Monaten vor dem Zweiten Weltkrieg einen Schritt weiter. Nachdem sie zunächt den Meldebehörden eine gewisse Frist hatten einräumen müssen, sich an die im Januar 1938 erlassene Reichsmeldeordnung zu ge-

wöhnen, galt es im Frühjahr 1939, so schnell wie möglich »die Angehörigen eines Geburtsjahres stets griffbereit zur Hand« (S. 6) zu haben. Trotz der offenkundigen Eile lief die Volkskartei 1938 erst einmal im Regierungsbezirk Potsdam zur Probe. (Diese vorsichtigen Modellprojekte, die mal bezirksweise, mal an besonders diskriminierten Minderheiten ihre Tauglichkeitsprüfungen absolvierten, sind für die nazistische Verwaltungspraxis durchaus charakteristisch und erklären vielleicht neben anderem die mörderische Effizienz des Systems in den Jahren nach 1939.)
Nachdem die Fünf- bis 14jährigen in den Schulen von ihren Klassenlehrern zuvor bereits erfaßt worden waren und es den Volksschullehrern weiterhin oblag, jeden Jahrgang von Erstklässlern an die Volkskarteiführer zu melden,[10] gaben die Polizeibehörden am 13. August 1939 im sogenannten Altreich die Karteikarten an die Bevölkerung aus – soweit sie zwischen 14 und 70 Jahre alt, also in irgendeiner Form »einsatzfähig« war. Nach einer Woche sammelten Hunderttausende Helfer die handschriftlich von jedem Reichsbürger selbst ausgefüllten Volkskarteikarten wieder ein. Das Ergebnis war zufriedenstellend: »Zähl- und Fragebogen sind allenthalben schon etwas Vertrautes geworden« (S. 20). Die Helfer hatten die »lückenlose Beantwortung« zu kontrollieren, nachzubessern und eine Abschrift der Karteikarte herzustellen für eine Doublette der ganzen Volkskartei, die, über die Gemeinden hinaus, in den Kreispolizeibehörden aufgestellt wurde und die Suche nach fehlenden Personen »straffen« sollte. Dabei half die SS – besonders in den ländlichen Gegenden: »Eine so bewegliche Truppe, wie die SS es ist, (wird) ihre schreibgewandten Helfer mit Kraftrad und Kraftwagen auch in das kleinste Dorf zu bringen wissen, um dort bei der Herstellung der Kartendoppel mit Hand anzulegen« (S. 39). Dieses Verfahren charakterisierte die Hast, aber auch das nazistische Effizienzdenken: »Auf Schönheit und Sauberkeit wird im allgemeinen weniger Wert zu legen sein als darauf, daß die Karte mit einem möglichst geringen Arbeitsaufwand erstellt wird« (S. 40). Im übrigen lag der beabsichtigte polizeiliche Vorteil darin, daß sie automatisch von jedem Erfaßten eine Handschriftenprobe fixierte.
Nachdem die Karten eingesammelt waren, trennten die Helfer sie zunächst in männliche (braune) und weibliche (blaue) Karteikar-

ten, sortierten sie jahrgangsweise und innerhalb der Jahrgänge nach dem Abc. Den bürokratischen Nutzen der Kartei und ihrer einzelnen Felder und Reiter hat das *Allgemeine Statistische Archiv* für seine Leser prägnant zusammengefaßt:

»An erster Stelle fragt die Karteikarte entsprechend ihrem Zweck nach dem *Geburtsjahr.* (...) Unter 2 wird nach dem *Beruf* der Person gefragt, es ist hier ein Unterschied gemacht zwischen ›jetziger‹ und ›erlernter‹ Beruf. Da der Zweck der Volkskartei weitgehend darin besteht, bei Sondererfassungen z. B. für einen Einsatz, der technische Kenntnisse voraussetzt, möglichst die geeignetsten Personen heranzuziehen, so ist es wichtig, den erlernten Beruf der Person zu wissen. (...)

Die 3. Frage ist die nach dem Besitz eines *Arbeitsbuches.* Wer ein Arbeitsbuch hat, wird von den Arbeitsämtern sowieso den kriegswirtschaftlichen Zwecken entsprechend eingesetzt werden. Ein zusätzlicher Personenbedarf wird sich nur decken lassen aus Personen, die nicht in arbeitsbuchpflichtigen Berufen stehen oder nicht mehr erwerbstätig sind. Aus der Volkskartei geht also hervor, wer noch kein Arbeitsbuch hat und wer deshalb in der Kriegswirtschaft für einen etwaigen Einsatz in Frage kommt.

Die 4. Frage ist die nach einer körperlichen Behinderung oder *Erwerbsbeschränkung.* Auf Grund dieser Frage kann sich die Volkskartei-Behörde ein Bild machen über die Möglichkeit der Heranziehung einer bestimmten Person (...).

Als 5. wird nach *Namen* und Familienstand gefragt. Diese Frage ist so angeordnet, daß sie auf der Karte rechts neben der Frage nach dem Geburtsjahr kommt, so daß Jahrgang und Namen in einer Reihe an hervorragender Stelle zu stehen kommen.

Die 6. Frage ist die nach *Schul- und Hochschulbildung.* Diese Frage ist besonders auch im Sinne des Reichserziehungsministeriums gestellt. Es läßt sich aus der Volkskartei z. B. nicht nur die Zahl der Personen ermitteln, die ein abgeschlossenes Hochschulstudium haben, sondern auch im Vergleich mit der Frage nach dem Beruf, läßt sich feststellen, wie viele Personen, ich möchte sagen, ihrem akademischen Beruf untreu werden und wie groß der absolute Nachwuchs sein muß, um sowohl den

Bedarf in den akademischen Berufen zu decken als auch den ›Ausfall‹ derer, die in andere Berufe umschwenken.

Die 7. Frage lautet: *Sprechen Sie fremde Sprachen*, waren Sie länger als drei Monate im *Auslande*? Diese Frage ist gestellt, um zu wissen, wie viele und welche Personen etwa für Dolmetscherdienste oder Verwaltungsarbeit in fremden, vielleicht durch einen Krieg besetzten oder abgetrennten Ländern in Frage kommen.

Die Frage 8: Besitzen Sie auf einem *Sondergebiet* besondere *Kenntnisse* und Erfahrungen (z. B. in einem Spezialzweig der Industrie, der Landwirtschaft, der Technik oder der Wissenschaft)? dient dem gleichen Zweck wie die Frage nach dem erlernten Beruf: es soll bei einem Einsatz möglichst jede Person an den für sie geeignetsten Platz kommen.

Unter 9 fragt die Volkskarteikarte nach Fertigkeiten im *Motorradfahren, Autofahren, Reiten, Fliegen*. Hier ist der militärische Zweck der Frage ganz unverkennbar. Mehr für den zivilen Einsatz bestimmt sind hier die Fragen nach Ausbildung im *Luftschutz, Sanitätsdienst, Deutsches Rotes Kreuz* und *Technische Nothilfe*. Die Frage 10 verlangt Auskunft über etwa abgeleisteten *Wehrdienst*, Truppenteil, Dienstgrad und über den Arbeitsdienst. Nach der Beantwortung dieser Fragen wird sich eine neuerliche Verwendung bei der Wehrmacht richten.

Den Abschluß bildet die Frage nach *Wohnort*, Anschrift usw., damit die erfaßte Person auch jederzeit aufzufinden ist. Für die Eintragung von Wohnungsveränderungen ist besonderer Raum gelassen. Die Karte für *weibliche Personen* stellt im großen und ganzen die gleichen Fragen, sie unterscheidet sich aber im folgenden von dem bereits Besprochenen: Es wird unter 5 nach der Zahl der in häuslicher Gemeinschaft lebenden Kinder unter 15 Jahren gefragt. Man will nämlich bei einem eventuellen Einsatz Rücksicht auf Mütter mit kleinen Kindern nehmen und muß dazu natürlich wissen, wo solche sind.

Weiter wird unter 8 gefragt nach Kenntnissen in Hauswirtschaft, Nähen und Kochen, in Landwirtschaft und Gartenbau, Fabrikarbeit und sonstigen, auch wissenschaftlichen Gebieten.«[11]

Diejenigen Personen, für die sich die Erfassungsbehörden speziell interessierten, wurden durch bunte Karteireiter »für das

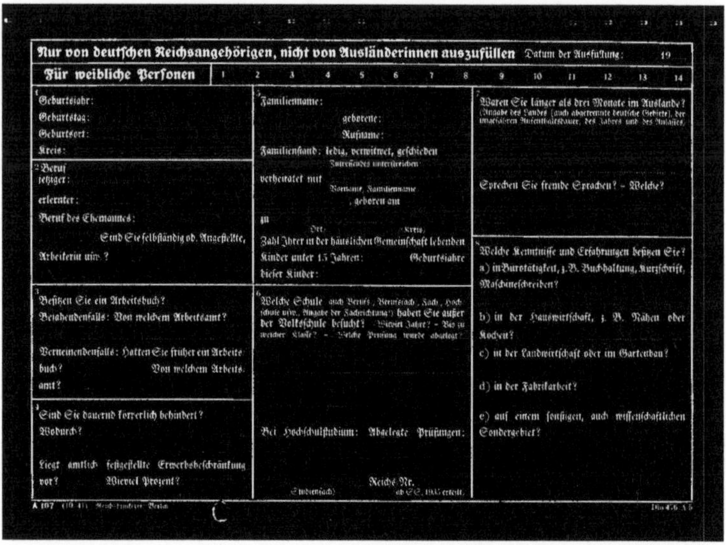

Nur von deutschen Reichsangehörigen, nicht von Ausländerinnen auszufüllen Datum der Ausfüllung: 19

Für weibliche Personen 1 2 3 4 5 6 7 8 9 10 11 12 13 14

1 Geburtsjahr:
Geburtstag:
Geburtsort:
Kreis:

2 Beruf
jetziger:
erlernter:
Beruf des Ehemannes:
Sind Sie selbständig od. Angestellte, Arbeiterin usw.?

3 Besitzen Sie ein Arbeitsbuch?
Bejahendenfalls: Von welchem Arbeitsamt?
Verneinendenfalls: Hatten Sie früher ein Arbeitsbuch? Von welchem Arbeitsamt?

4 Sind Sie dauernd körperlich behindert?
Wodurch?
Liegt amtlich festgestellte Erwerbsbeschränkung vor? Wieviel Prozent?

5 Familienname:
geborene:
Rufname:
Familienstand: ledig, verwitwet, geschieden
(Zutreffendes unterstreichen)
verheiratet mit
(Vorname, Familienname)
, geboren am
zu
(Ort) (Kreis)
Zahl Ihrer in der häuslichen Gemeinschaft lebenden Kinder unter 15 Jahren: Geburtsjahre dieser Kinder:

6 Welche Schule (auch Berufs-, Berufsfach-, Fach-, Hochschule usw., Angabe der Fachrichtung) haben Sie außer der Volksschule besucht? (Wieviel Jahre? – Bis zu welcher Klasse? – Welche Prüfung wurde abgelegt?)
Bei Hochschulstudium: Abgelegte Prüfungen:
(Studienfach)
Reichs-Nr.
ab SS. 1935 erteilt.

7 Waren Sie länger als drei Monate im Auslande?
(Angabe des Landes [auch abgetrennte deutsche Gebiete], der ungefähren Aufenthaltsdauer, des Jahres und des Anlasses)
Sprechen Sie fremde Sprachen? – Welche?

8 Welche Kenntnisse und Erfahrungen besitzen Sie?
a) in Bürotätigkeit, z. B. Buchhaltung, Kurzschrift, Maschineschreiben?
b) in der Hauswirtschaft, z. B. Nähen oder Kochen?
c) in der Landwirtschaft oder im Gartenbau?
d) in der Fabrikarbeit?
e) auf einem sonstigen, auch wissenschaftlichen Sondergebiet?

A 107

Volkskarteikarte 1939

ganze Reich einheitlich« besonders hervorgehoben. Der obere Rand der Karteikarte war in die Felder 1–14 aufgeteilt, für Karteireiter waren passende Schlitze gestanzt. Ein roter Reiter über der Zahl 9 der Volkskarteikarte bedeutete *Kraftfahrzeugführerscheinbesitzer*; der schwarze Reiter über der Zahl 14 bedeutete *Jude*; blaue Reiter über der Zahl 5 *kein Arbeitsbuch* und weiße Reiter über der Zahl 10 *Medizinalperson*; die linke Seite der Volkskarteikarte durfte bis zur Zahl 4 »für örtliche Zwecke bereitert« werden (S. 80), allerdings nicht mit den viereckigen, für Reichszwecke vorbehaltenen Reitern. Neben der Pflicht, Karteireiter zu befestigen, hatten die Volkskarteiführer, die wegen des kriegerischen Zwecks der Kartei von vornherein vor allem Führerinnen waren, bestimmte Vermerke in die Kartei einzutragen – zum Beispiel: »WD (= zum Wehrdienst erfaßt), RAD (= zum Reichsarbeitsdienst erfaßt), Stj (= zur Staatsjugend erfaßt), Kk (= hat Kennkarte)« (S. 78).
Den Vermerk »über die Eigenschaft als Zigeuner« hatten die Kar-

teiführer per Erlaß vom 7. August 1941 in der folgenden Weise »rassendiagnostisch« zu differenzieren:

»1. Z bedeutet Zigeuner, d. h. die Person ist oder gilt als Vollzigeuner bzw. stammechter Zigeuner.
2. ZM+ oder ZM(+) bedeutet Zigeunermischling mit vorwiegend zigeunerischem Blutsanteil.
3. ZM bedeutet Zigeunermischling mit gleichem zigeunerischen und deutschen Blutsanteil.
(1) In Fällen, in denen ein Elternanteil Vollzigeuner, der andere Elternteil deutschblütig ist, ist dieses durch die Kennzeichnung »ZM I. Grades« besonders vermerkt.
(2) In Fällen, in denen ein Elternteil ZM I. Grades, der andere Elternteil deutschblütig ist, ist dieses durch die Kennzeichnung »ZM II. Grades« besonders vermerkt.
4. ZM – oder ZM (–) bedeutet Zigeunermischling mit vorwiegend deutschem Blutsanteil.
5. NZ bedeutet Nichtzigeuner, d. h. die Person ist oder gilt als deutschblütig.«[12]

Der Vermerk »Staatsang. auf Widerruf« zeigte an, daß bei einem Ausländer ein sogenanntes Eindeutschungsverfahren begonnen hatte.

Die Planer der Volkskartei hatten perfekte polizei-hygienische Vorstellungen. Zwar konnte ihnen »trotz aller Gewissenhaftigkeit« »unter den vielen Millionen doch manche Person zunächst entgehen«, doch würden sich diese Lücken rasch schließen, wenn die Polizeibehörde bei jeder Gelegenheit, »bei der der Volksgenosse mit der Behörde in Berührung kommt«, prüft, ob eine Volkskarteikarte vorhanden ist: »Beispielsweise beim Antrag auf Ausstellung eines Passes, eines Jagdscheines, einer Gewerbelegitimationskarte oder sonst einer amtlichen Bescheinigung« (S. 42/43).

Kurt Daluege, der Chef der Ordnungspolizei, hatte vom Meldewesen verlangt, es müsse »mehr sein als ein Adreßbuch«. Die Volkskartei mit ihren unterschiedlichen Karten, Farben, ihren bunten Reitern und ihren kurzen, vielsagenden Vermerken war mehr. Sie begleitete jeden Deutschen bei jeder Veränderung des Wohnortes unauffällig, soweit er kennkartenpflichtig war, mit dem beigelegten Doppel dieser Kennkarte – Paßbild, Fingerabdrücken, Handschriftenprobe – von einem Wohnsitz zum nächsten. Erst im totalen Krieg stieß diese Kartei in ihrer zeitraubenden Schwerfälligkeit an die Grenzen des Möglichen.

Bis zum Ende der Blitzkriege im Winter 1941/42 war die Volkskartei, wie das *Allgemeine Statistische Archiv* resümierte, »ein ausgezeichnetes Werkzeug (...), um im Frieden und erst recht im Kriege den Einsatz bestimmter Personengruppen zu einem benötigten Zwecke entsprechend der Fähigkeiten der einzusetzenden Person bestens und raschestens zu leiten«.[13] In den annektierten Gebieten sind 1941/42 noch verschiedene Erlasse zur Errichtung der Volkskartei veröffentlicht, aber wegen des vorangeschrittenen Krieges nicht immer in die polizeiliche Tat umgesetzt worden. In den besetzten Ländern folgten die Erfassungsexperten der Wehrmacht unmittelbar.

Heydrich, der Chef des Sicherheitsdienstes, der Kriminalpolizei und der Gestapo, beherrschte und inspirierte die Systematik des Erfassens glänzend und bediente sich dabei bewußt der nichtpolizeilichen Behörden. Als er am 29. September 1941 faktischer Reichsprotektor in Prag wurde – eine zeitlich begrenzte Aufgabe, die ihm Hitler »zur Beruhigung des Raums« übertragen hatte –, führte er drei Tage nach seiner Ernennung seinen Mitarbeitern in einer frei formulierten Rede aus, was er unter den »kämpfenden Aufgaben im Verwaltungsbereich« verstand. Voraussetzung für »die Aufgabe der Sicherung der Idee« sei nicht »ein oberflächliches Sehen, sondern ein gründliches Befassen und Erfassen der Dinge«. Nach weiteren 14 Tagen beschrieb Heydrich die ersten Schritte: Als großes Fernziel nannte er die »Eindeutschung des Raumes«. Die einzelnen Schritte seien genau abzuzirkeln für die spätere »tadellose Durchführung des Endziels«. Dazu mußte den Tschechen zunächst genügend Brot und Fett gegeben werden, dann seien sie – vor allem – zu entpolitisieren: »Unter Entpolitisierung ist also zu verstehen, das Interesse des Einzelnen verstärkt auf den Beruf und die materiellen Nöte zu lenken.« Als erste Voraussetzung aber sei die Bevölkerung zu sortieren:

> »Dazu gehören die Herausdividierung und die Evakuierung der Schlechtrassigen und des weiteren die planvolle und auf allen Lebensgebieten psychologisch gut geführte Eindeutschung des übrigbleibenden gutrassigen Restes. (...) Voraussetzung für die

Beurteilung der Bevölkerung ist eine völkische Bestandsaufnahme, die einmalig alle Menschen des Protektorats erfaßt und nach bestimmten Gesichtspunkten aussondert. Die Erfassung eines oder mehrere Jahrgänge auf dem Umweg über Arbeitslager, Röntgenuntersuchungen u. ä. gibt nicht die unbedingt notwendige klare Übersicht und kann deshalb höchstens zusätzlich angewandt werden. Die völkische Bestandsaufnahme kann auf dem Wege über die Volkskartei durchgeführt werden, um die im Augenblick notwendige einmalige Übersicht getarnt zu haben. (...) Die Volkskartei kann noch nicht die endgültige Auslese sein (...) – für uns wichtig ist nur das derzeitige Bild der Familien an sich, um einen einmaligen Querschnitt durch die völkische und sippenmäßige Substanz zu haben und darauf die erforderlichen Maßnahmen aufzubauen. Da das Ergebnis bestimmend ist für die Entscheidung über organisatorische Fragen, endgültige Evakuierungen oder Eindeutschung usw., also über die gesamte zukünftige Entwicklung des Raumes, muß besonders planvoll und genau vorgegangen werden, um keine Fehler zu machen, die nie wieder rückgängig gemacht werden können.«[14]

Zwei Monate nach seinem Amtsantritt als Reichsprotektor führte Heydrich den Ausweiszwang für alle Tschechen ein. Er strebte die Erstellung eines lückenlosen Bevölkerungsregisters an. Heydrich, der vorher das Konzept der Endlösung unter sozialpolitischen Gesichtspunkten entworfen hatte, der gleichzeitig im Innern des Herrenvolks gegen chronisch Kranke und »Gemeinschaftsfremde« vorging und mit dem SS-Statistiker Korherr als einziger SS-Hauptamtschef »völlig reibungslos« zusammenarbeitete, hatte auch für die Tschechoslowakei eine klare und klassische verwaltungstechnische Konzeption: Präzision, kein Fehlgriff, klare individuelle und allgemeine Entscheidungsgrundlagen, hermetische Systematik beim tatsächlichen Zugriff. Heydrich wußte genau, daß sich Widerstand immer an den kleinen Versehen, den Zweifelsfällen entzündet. Deshalb galt es, mit den Methoden der Statistik und der Personaleinzelerfassung die Grenzen exakt und bewußt zu ziehen. Das Konzept setzte ganz auf den normalen, verdichteten bürokratischen Ablauf: Volkskartei, Kennkarte und Reichsmeldeordnung, später das System der Lebensmittelmarken und zuletzt die Reichspersonalnummer. Verbrecher, Deserteure, rassische und politische Abweichler sollten nicht mehr mit riesigem individuellen Fahndungsaufwand gesucht, das Fahndungsbuch nicht mehr umständlich in den einzelnen Gemeinderegistern durchgesehen werden. Umgekehrt, schreibt Kääb, sollte bei jedem Meldevorgang überprüft werden, »ob eine zur Anmeldung kommende Person in den Fahndungslisten verzeichnet ist«. »Deshalb wird man später wohl dazu kommen müssen, ein Stück aller An- und Abmeldungen (...) auf seinem Wege von der Meldebehörde der Gemeinde zu den Finanzämtern über die Kreispolizeibehörde zu leiten und dort durch Fahndungsbuch und Aufenthaltsermittlungsliste hindurch zu schleusen« (S. 13). Diese Vision automatischer Kontrolle konnten die Verwalter des Dritten Reiches nur teilweise in die Tat umsetzen.

Ausweiszwang

Den Zwang, sich im Inland jederzeit auszuweisen, gibt es in Deutschland seit dem 10. September 1939.[15] Der Krieg hatte eine gesetzliche Maßregelung erlaubt, die bis dahin von der SS- und Polizeiführung nicht hatte durchgesetzt werden können und an die sich die Bevölkerung auch nur sehr langsam gewöhnte. Noch im Dezember 1942 klagte Himmler:

> »Erfahrungsgemäß führt ein großer Teil der Bevölkerung weder im Alltagsverkehr noch auf Reisen amtliche Lichtbildausweise mit sich. Ich beabsichtige, im Einvernehmen mit dem Reichsminister für Volksaufklärung und Propaganda, die Bevölkerung über den Ausweiszwang erneut aufzuklären. Amtliche Lichtbildausweise sind: Paß, Kennkarte, Dienstausweis, Mitgliedsbuch der NSDAP und NSV, Führerschein, Wehrpaß, Postausweis usw.; außerdem bei volksdeutschen Umsiedlern der Umsiedlerausweis der Einwanderungszentralstelle. Personen, die ohne amtlichen Lichtbildausweis angetroffen werden, sind eingehend zu befragen (...).«[16]

Strengere Maßnahmen waren einem Himmler am Ende des Jahres 1942 nicht möglich. Strafbestimmungen, die die Verletzung der allgemeinen Ausweispflicht ahnden, hat das Dritte Reich nie er-

lassen. Bis dahin war es weithin üblich gewesen, sich mündlich auszuweisen. Ein Recht des Staates, seine Bürger jederzeit zu identifizieren, war weder bekannt noch akzeptiert.
Die Kennkarte als »allgemeiner polizeilicher Inlandsausweis« war überhaupt erst im Juli 1938 eingeführt worden – mit einem typischen Ermächtigungs-Gesetz: »Eine Kennkarte können alle deutschen Staatsangehörigen (...) erhalten. Der Reichsminister des Inneren bestimmt, welche Gruppen von deutschen Staatsangehörigen und in welchem Umfang diese Gruppen dem Kennkartenzwang unterliegen.«[17] Das waren unter den Inländern die wehrpflichtigen Männer und die Juden. 1942 wurde der Kennkartenzwang auf Elsässer, Lothringer, Luxemburger und »Protektoratsangehörige«[18] ausgeweitet. Obwohl z. B. Liebermann und Kääb dieses Mittel polizeilicher Vervollkommnung »allgemein verbreiten« wollen, wagte es bis 1945 niemand, allen Deutschen die Kennkartenpflicht aufzuerlegen. Die Kennkarte enthielt Lichtbild und Fingerabdrücke, sie war fünf Jahre gültig, als

Kennkarte für Juden

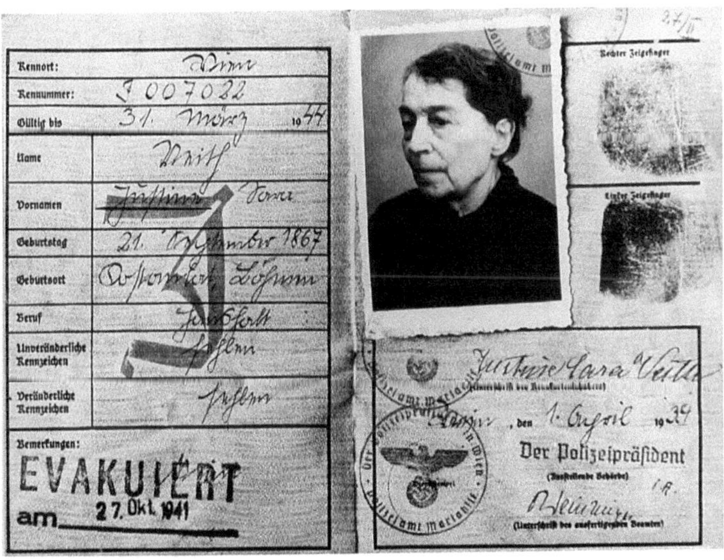

»Kennort« galt der Sitz der ausstellenden Paßbehörde, diesem Ort war die individuelle »Kennummer« zugeordnet. Sie reichte von A 00001 fortlaufend bis Z 99999. Der Berliner Polizeipräsident verfügte über sechsziffrige Nummern. Die Kennkarte wurde immer doppelt ausgestellt, ein Exemplar blieb bei der Behörde, die es später in die Volkskartei einordnete:

> »Durch diese Vorschrift sind in der Kennkarte Lichtbild und Unterschrift, also Handschriftprobe, und auch die Fingerabdrücke eines jeden mit seiner Volkskarteikarte verbunden. Der Bedeutung dieses Identifizierungsmittels muß der Karteiführer der Volkspartei dadurch eingedenk sein, daß er stets darauf bedacht ist, das Kennkartendoppel zu seiner Volkskarteikarte zu bekommen. Er muß also im Auge behalten, für welche Personengruppen der Kennkartenzwang eingeführt wird. Die Paßbehörde wird ihm zwar jedes Kennkartendoppel zustellen; doch wird ein eifriger Karteiführer sich hierauf nicht allein verlassen.« (Die Volkskartei, S. 13)

Juden-Statistik

Sonderauszählung

»Wichtige Voraussetzung, so führte SS-Obergruppenführer Heydrich weiter aus, für die Evakuierung überhaupt, ist die genaue Festlegung des in Betracht kommenden Personenkreises« (Protokoll der Wannsee-Konferenz, 20. 1. 1942).[1]

Die Erfassung und bürokratische Ausgrenzung der Juden begann in Deutschland mit der Volkszählung vom 16. Juni 1933. In dieser Zählung wurden – wie in früheren Zählungen auch – die Glaubensjuden ermittelt und nach der Staatszugehörigkeit gefragt. Daneben gab es eine Sonderzählung für Juden und eine für Ausländer, detaillierter als für den Rest der Bevölkerung. Für alle Personen, die sich zu einer jüdischen Religionsgemeinschaft bekannten, wurde »eine Abschrift der allgemeinen Zählkarte« angefertigt. »Außer sämtlichen für die Volks- und Berufszählung benötigten Angaben wurde auf die Judenzählkarte auch die Angabe des Geburtsortes, die für die übrige Bevölkerung nicht ausgewertet wurde, eingetragen.«*

Die Sonderzählung bezweckte »einen Überblick über die biologischen und sozialen Verhältnisse des Judentums im Deutschen Reich, soweit es nach der Frage der Religionszugehörigkeit erfaßt werden konnte«. Schließlich sei »die Durchführung einer entsprechenden Auszählung von Amts wegen« dringend notwendig geworden »im Hinblick auf die grundsätzliche Umgestaltung, die in der Stellung des Judentums zu seinem deutschen Wirtsvolk durch die nationalsozialistische Regierung herbeigeführt worden

* Die Glaubensjuden im Deutschen Reich, in: Statistik des Deutschen Reichs, Bd. 415/5 (1936), S. 5 (die im folgenden Abschnitt in Klammern angegebenen Seitenzahlen beziehen sich auf diese Veröffentlichung).

ist«. Maßgebend für das Ausfüllen der in Spalte 9 der Haushaltungsliste erfragten Religionszugehörigkeit war nicht »die innere Überzeugung«, sondern lediglich die »äußere (rechtliche) Zugehörigkeit« (S. 5).

Eine Ausdehnung der Auszählung »auf das im Deutschen Reich ansässige Judentum (der Rasse nach)« war noch nicht möglich, der Begriff »jüdische Abstammung« noch nicht in einer eindeutigen, für Statistiker verwendbaren Weise definiert. Das geschah erst am 14. November 1935 mit der Ersten Verordnung zum Reichsbürgergesetz.

»(1) Jude ist, wer von mindestens drei der Rasse nach volljüdischen Großeltern abstammt.

(2) Als Jude gilt auch der von zwei volljüdischen Großeltern abstammende staatsangehörige jüdische Mischling,

(a) der beim Erlaß des Gesetzes der jüdischen Religionsgemeinschaft angehört hat oder danach in sie aufgenommen wird,

(b) der beim Erlaß des Gesetzes mit einem Juden verheiratet war oder sich danach mit einem solchen verheiratet,

(c) der aus einer Ehe mit einem Juden im Sinne des Absatzes 1 stammt, die nach dem Inkrafttreten des Gesetzes zum Schutze des deutschen Blutes und der deutschen Ehre vom 15. September 1935 (RGBl. I S. 1146) geschlossen ist,

(d) der aus dem außerehelichen Verkehr mit einem Juden im Sinne des Absatzes 1 stammt und nach dem 31. Juli 1936 außerehelich geboren wird.«[2]

Die Verordnung normierte den »Voll-« und »Geltungsjuden«. Sie erforderte sofort die »amtliche Sortierung« der »Halb-« und »Vierteljuden« zu einem klar benannten Zweck – zur »Beseitigung der Mischrasse«.[3] Doch diese Definitionen waren bei der Volkszählung 1933 noch nicht geschaffen. Trotz der unter den Gesichtspunkten der Rasse- und Ausgrenzungswissenschaften erheblichen methodischen Einschränkungen kam den ermittelten Zahlen »ein hoher Erkenntniswert zu, da die Glaubensjuden den Kern des gesamten im Deutschen Reich lebenden Judentums darstellten« (S. 7). Gezählt wurden rund 500000 Menschen jüdischer Religion – 0,76 Prozent der Gesamtbevölkerung, 65000 weniger als bei der Volkszählung von 1925. Kurz vor der Zählung 1933 hatte, so interpretierten es die Statistiker selbst, »mit der Neuordnung der politischen Verhältnisse eine starke Abwanderung eingesetzt«, eine Tendenz, die andauern sollte. Nach den Fortschreibungen des Statistischen Reichsamts »dürfte Mitte 1936 noch mit rund 415 000–425 000 Glaubensjuden im Deutschen Reich zu rechnen sein« (S. 8).

Die Daten der Volkszählung von 1933 wurden von der Dehomag in Berlin-Lichterfelde im Lohnauftrag auf Lochkarten übertragen und aufbereitet. Wer die Kriterien »jüd. mos. isr.« (Nr. 3) und »polnisch« (Nr. 10) eingestanzt bekam, verfiel als »Ostjude« sehr bald der doppelten Selektion.

Bei der Volkszählung am 17. Mai 1939 gab es 233 973 so bezeichnete Rassejuden innerhalb der deutschen Grenzen von 1937.[4] Das Protokoll »der am 20. 1. 1942 in Berlin Am Großen Wannsee Nr. 56 / 58 stattgefundenen Besprechung über die Endlösung der Judenfrage« notierte zum »Stichtag 31. 10. 1941« eine Zahl von 131 800 im »Altreich« verbliebenen Juden. 360 000 waren aus Deutschland und 147 000 aus dem ehemaligen Österreich zur Auswanderung gezwungen worden. Durch die »neueingegliederten Ostgebiete« waren 1939 allerdings 600 000 Juden dazugekommen.

Die als »Abwanderungsbewegung« oder als »Wanderungs›verlust‹« (Burgdörfer) registrierte Flucht und Massenvertreibung und auch der schnelle Rückgang der Geburten jüdischer Kinder sind von den Statistikern mit großer Genauigkeit verbucht worden: »Die Fruchtbarkeit des Judentums geht ohne Zweifel zurück, denn der im Judentum um sich greifende soziologische Umschichtungsprozeß (...) und nicht zuletzt ein notwendigerweise einsetzender politischer Pessimismus wirken geburtenmindernd.«[5] Oder: »Im Altreich wurden schließlich im Dezember 1942 nur mehr 14, im Januar und Februar 1943 nur mehr sieben bzw. acht jüdische Kinder geboren.«*

Die Volkszählung von 1933 erfaßte die jüdische Minderheit in allen Teilen des Deutschen Reiches nach verschiedenen Merkmalen. Das Statistische Reichsamt schlüsselte die Zahlen für die einzelnen Provinzen ebenso auf (»Ein Zentrum befindet sich am unteren Main«) wie für einzelne Stadtbezirke: »Die stärkste Durchsetzung mit Juden weist der Berliner Stadtbezirk Wilmersdorf auf; die rund 26 000 Glaubensjuden stellen hier 13,54 v. H. der Bevölkerung« (S. 12). »Die Hauptmasse der Glaubensjuden wohnt in den Großstädten« – allein in Berlin ein Drittel der Gesamtzahl des Deutschen Reiches.

Großstädte, das waren nach den Theorien der nazistischen Bevölkerungswissenschaftler »die Menschenagglomerationen«, von denen »der Volkstod« ausging: Berlin hatte seit 1922 »die niedrigste Geburtenziffer aller Weltstädte des Abendlandes«, hier wur-

* Richard Korherr, Die Endlösung der europäischen Judenfrage, Statistischer Bericht 1943, Nürnberger Dokumente NO-5194.

den »das Zweikindersystem«, »die Ibsen-Ehe«, »Lebensmüdigkeit und Selbstmord« modern. Hier vergaßen deutsche Frauen »über ihren Rechten ihre Pflicht«, hier regierten »kinderlose Frauenrechtlerinnen«, hier war die kinderlose Frau, so sahen es die nationalen Bevölkerungspolitiker, »ein Deserteur, ein Luxustierchen«. Die jüdischen Gemeinden dieser Städte galten ihnen als Vorreiter, Propagandisten und Drahtzieher der Entwicklung.[6] Juden seien es gewesen, die am lautesten und auch zuerst das Recht auf den eigenen Körper gepredigt, die den proletarischen Gebärstreik und den Kampf gegen die sogenannte Zwangsmutterschaft und besonders gegen den Paragraphen 218 geführt hätten.[7] Oberflächlich betrachtet bestätigte die Volkszählung von 1933 diese Aussagen: Die »Überalterung« der Juden sei erheblich – 23,8 Prozent der Ehen kinderlos. Unterbliebe der »frische Zustrom aus Polen und Galizien«, so würden die deutschen Großstadtjuden nach der Meinung der NS-Statistiker »in wenigen Generationen ausgestorben sein«.[8]

Die aus dem Osten Gekommenen zogen dementsprechend das Interesse der Statistiker auf sich. Von den 500000 Juden waren 99000 Ausländer, sie hatten keine deutsche Staatsangehörigkeit; 56000 davon waren polnische Staatsangehörige. Der Anteil dieser offensichtlich aus wirtschaftlicher Not Zugewanderten war in einigen Großstädten besonders stark: in Berlin 29,9 Prozent aller Juden, in Leipzig 73,3 Prozent, in Kiel 57,1 Prozent, in Altona 56,3 Prozent.

Durch die Auswertung des Merkmals »Geburtsort« stellten die deutschen Statistiker 1933 getrennt die Zahlen derjenigen fest, die im Ausland geboren waren und in der Zwischenzeit die deutsche Staatsbürgerschaft erworben hatten: genau 16258 Personen. Insgesamt lebten also 115000 ausländische oder im Ausland geborene Juden in Deutschland – 23 Prozent aller in der Zählung erfaßten Juden (S. 13ff.). Dieser Minderheit in der Minderheit galten neben den im öffentlichen Dienst tätigen Juden die ersten und einschneidenden Zwangsmaßnahmen. Das »Gesetz über den Widerruf von Einbürgerungen und die Aberkennung der deutschen Staatsangehörigkeit«, das als Gesetz zur Ausbürgerung oppositioneller deutscher Intellektueller bekannt ist, legte am 14. Juli 1933 auch fest: »Einbürgerungen, die in der Zeit zwischen dem 9. November 1918 und dem 30. Januar 1933 vorgenommen worden sind, können widerrufen werden, falls die Einbürgerung nicht als erwünscht anzusehen ist.«[9] Der Rechtsweg gegen einen solchen Bescheid war gesetzlich ausgeschlossen. Laut Durchführungsverordnung vom 26. Juli 1933 »kommen dafür insbesondere in Betracht: Ostjuden«.[10]

Nach beruflichen und sozialen Gesichtspunkten gegliedert »objektivierte« die Sonderauszählung alle einschlägigen Vorurteile: Juden waren »vorzugsweise im Handel tätig«. Natürlich. Von den Kürschnern waren allein 5,28 Prozent Juden, fast drei Viertel davon stammten aus dem Ausland, insgesamt waren es 1200 »Pelzjuden«, wie das Statistische Reichsamt schrieb. »Mit Vorliebe« hatten sich Juden außerdem den akademischen Berufen zugewandt. Mit einem gewissen Bedauern bemerkte das Amt, »daß wohl gerade in diesen ›freien Berufen‹ besonders viele aus der jüdischen Glaubensgemeinschaft ausgetretene Juden tätig gewesen sind, die von der Zählung (1933) nicht als ›Juden‹ erfaßt werden konnten; tatsächlich wird also die jüdische Durchsetzung dieser für das kulturelle Leben wichtigen Berufe noch bedeutend stärker gewesen sein, als in den Zahlen über die Glaubensjuden zum Ausdruck kommt« (S. 25). Das bayerische Wirtschaftsministerium folgerte aus diesen Zahlen:

> »Aus diesen wenigen kennzeichnenden Beispielen ergibt sich das eindeutige Bild, daß die Juden mühevoller, körperlicher oder wenig Verdienst einbringender Erwerbstätigkeit aus dem Weg gehen und sich stark in die einträglichen Oberschichten wirtschaftlicher und beruflicher Tätigkeit emporgedrängt haben.«[11]

Hinter dem schnellen Rausschmiß der Juden aus öffentlichen und akademischen Ämtern verbargen sich handfeste – ebenfalls genau berechnete – Interessen der »arischen« Akademiker. Das *Allgemeine Statistische Archiv* sprach 1932 von 104300 »überzähligen« Ärzten, Tierärzten, Apothekern, Studienräten etc., die für 1934 zu erwarten seien; entsprechend entfalle auf je drei berufstätige Hochschulabsolventen 1934 ein »überzähliger«. 1933 praktizierten im Deutschen Reich 6488 jüdische Ärzte. Bis 1936 prognostizierte die amtliche Statistik 4900 frisch ausgebildete arbeitslose Ärzte. Die fortschreitende Entrechtung, die am 30. Sep-

tember 1938 schließlich im Entzug (»Erlöschen«) der Approbation für die jüdischen Ärzte endete, entsprach genau dem Angebot auf dem akademischen Arbeitsmarkt.
Die massive akademische Berufsangst drängte auf die Verbindung von Doktortitel und Ariernachweis, eine Situation, die gerade für den Start vieler junger NS-Funktionäre kennzeichnend ist. Ihr schnelles Aufsteigen und die dadurch bedingte Loyalität fundierten das glatte Funktionieren der staatlichen Apparate im Nationalsozialismus.
Ein Vertreter dieser Generation ist Roderich Plate – geboren 1907 in Mariendorf, »gottgläubig«, verheiratet. 1931 wurde Plate Mitglied der NSDAP. 1933 promovierte er zum Dr. agrar. – Thema: »Die Getreidekrisen in der zweiten Hälfte des vorigen Jahrhunderts und in der Gegenwart«. Gleichzeitig bewarb er sich unter Hinweis auf seine NSDAP-Mitgliedschaft beim Statistischen Reichsamt »durch die Hand des Herrn Direktor Burgdörfer«. Es gab keine Planstellen. Plate wurde als Büroangestellter beschäftigt und dort eingesetzt, wo die Sonderzählungen außerordent-

Plate-Statistik von 1935.

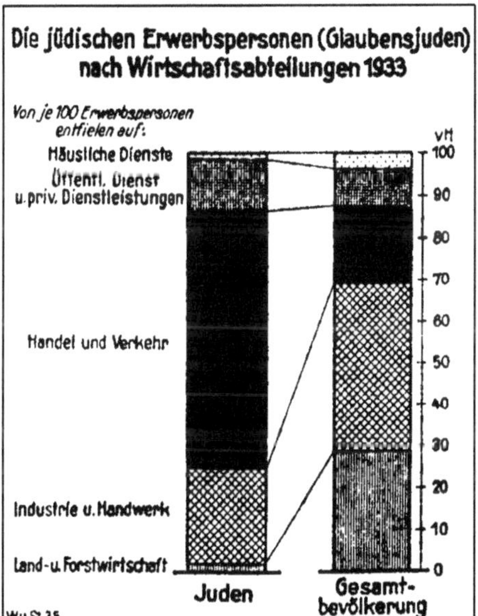

liches Personal erforderten. 1935 schaffte er den Sprung zum Hilfsreferenten:

> »Herr Dr. Plate (hat) gezeigt, daß er in dem weitverzweigten Arbeitsgebiet – Volkszählung, Konfessions- und Rassestatistik, Sonderauszählung der Juden, Sonderauszählung der Ausländer, Minderheitenstatistik – über alle wichtigen Fragen Bescheid weiß und das etwa Fehlende sich rasch aneignet. (...) Herr Plate gehört zu den verhältnismäßig seltenen Menschen, die wissenschaftliche Fähigkeiten mit einer ausgesprochenen praktischen Begabung verbinden. Er arbeitet rasch und dabei doch sorgfältig und mit großem Fleiß.«[12]

Auf Veranlassung des Rassenpolitischen Amtes der NSDAP stellte Plate 1935 gemeinsam mit Burgdörfer eine Schätzung zusammen über die Zahl der »Rassejuden« im Deutschen Reich[13]; 1938 folgte die Schätzung des »Weltjudentums«.[14] Der Tätigkeitsbericht 1936/37 des SD-Referates »II 112 Judentum«, das durch den Namen Eichmann bekannt geworden ist, nannte Plate als »Ansprechpartner« im Statistischen Reichsamt.[15] 1939 war der 32jährige Dr. Plate Generalreferent für die Volkszählung – verantwortlich für das Gelingen der Sondererfassung der rassischen Minderheiten. Vom 1. Juli 1941 an arbeitete er »im Nebenamt« für 100 Reichsmark Zusatzvergütung beim Inspekteur für Statistik der SS, vom 1. Oktober an als hauptamtlicher Stellvertreter des Inspekteurs, als Statistiker beim »Reichskommissar für die Festigung deutschen Volkstums«.[16]

Plate war zwischen den profilierungssüchtigen Protagonisten der Bevölkerungspolitik des Dritten Reiches der stille und zuverlässige zweite Mann. Bis zum 25. Januar 1942 hat er »Judenagglomerationen« und »Mischlingsanteile« berechnet, das Zahlenmaterial für die Wannsee-Konferenz stammte unter anderem aus seiner Hand. Drei Tage vor dieser Konferenz unterschrieb er, daß er »über Angelegenheiten, die ihm vermöge seines Dienstes bekannt geworden sind, strengstes Stillschweigen gegenüber jedermann zu bewahren habe«. Fünf Tage nach der Konferenz berief ihn die Wehrmacht ein.

Bei Kriegsende war Plate 38 Jahre alt, jung genug für eine zweite Karriere. Seit 1953 war er Direktor des Instituts für landwirtschaftliche Marktlehre der landwirtschaftlichen Forschungsanstalt in Braunschweig, 1963 berief ihn die Landwirtschaftliche Hochschule Stuttgart-Hohenheim auf einen entsprechenden Lehrstuhl. Professor Dr. Dr. h. c. Roderich Plate berechnete Kühe, Bananenimporte, später dann Butterberge. Er war ein exzellenter Kenner der komplizierten Verhältnisse auf dem Agrarmarkt der EG, Träger des Justus-Liebig-Preises und des Großen Bundesverdienstkreuzes.

Das Individuelle in der Statistik

Die Reiter, die der Volkskarteiführer auf seine Karten steckte, mußten viereckig sein – »hauptsächlich deshalb, (...) weil man auf dem viereckigen Kopf des Reiters mit andersfarbiger Tinte oder Tusche gut sichtbar noch besondere Unterscheidungsmerkmale, z. B. ein Kreuz, anbringen kann«.[17] Für Juden waren im Deutschen Reich schwarze Reiter vorgeschrieben, anzubringen über der Zahl 14 der Volkskarteikarte; die viereckige Form dieser Reiter ließ sich – unter bestimmten Bedingungen – noch weitgehender nutzen:

> »Im Handel ist eine besondere Form von Reitern erschienen, deren viereckiger Kopf durchlocht ist. Durch das Loch wird ein Metallstab gesteckt, wenn die mit dem Reiter gekennzeichneten Karten der Kartei entnommen werden sollen. So kann eine größere Anzahl Karten gleichzeitig aus dem Karteitrog herausgezogen werden; auch kann man die Karten auf die Weise durch teilweises Herausziehen von den übrigen Karten abheben. Voraussetzung ist jedoch, daß der vordere Trogpultrand nicht höher liegt als die Reiterköpfe, weil er sonst die Handhabung des Stabes behindert. Im Kopf des Reiters steht über der Aussparung noch so viel Metall, daß dort, z. B. mit andersfarbiger Tinte, noch besondere Kennzeichen angebracht werden können.«[10]

Die Grenze der allgemeinen Statistik liegt dort, wo die polizeiliche Verkartung des einzelnen beginnt, aber es gibt schleichende, wissenschaftlich-methodische Übergänge und Verbindungen zwischen den kollektiven und individuellen Formen bürokratischer Beobachtung.

Die sogenannte Wanderungsstatistik, die sich auf Ein- und Auswanderung und auf die Veränderung des Wohnsitzes innerhalb des Staatsgebietes bezieht, berechnet die Sogwirkung von Hochlohngebieten auf die Arbeitsimmigration, die Wirkung steuerlicher und lohnpolitischer Maßnahmen und eben auch diskriminierender Sondergesetze und -erlasse. Soll die Wanderungsstatistik aussagekräftig sein, setzt sie die genaue Erhebung individueller Daten voraus. Das galt besonders für die ostjüdischen, galizischen Arbeiter und Händler, die ins Visier der deutschen Reichsstatistik geraten waren. Sie seien, schrieb Burgdörfer, »dauernd auf Wanderung begriffen«, »auf der dauernden Suche nach besseren Futterplätzen«.[19] Die allgemeine Erhebung ihrer kollektiven Wanderungsbewegung setzte die tägliche Erfassung der individuellen Veränderungen voraus. Dazu waren entsprechend restriktive Meldegesetze nötig, an denen Burgdörfer selbst mitwirkte. »Vom Jahr 1938 ab wird es nach Einführung der für das ganze Reich geltenden Reichsmeldeordnung möglich sein, sowohl die Außen- als auch Binnenwanderung der Glaubensjuden vollständig zu erfassen.«[20]

In Preußen war das schon vorher möglich: Anfang 1936 stellte das Statistische Amt der Stadt Berlin zusätzliches Personal ein für »Feststellungen über die wandernden Juden«. Stadtkommissar Lippert und die Staatspolizeistelle hatten darum »gebeten«, und sie ließen sich diese speziellen Wanderungszahlen, »die nicht mehr vorwiegend von den gleichen Ursachen wie bei der Gesamtbevölkerung bestimmt« waren, monatlich nachweisen.[21]

In einem Beitrag zur Methodenlehre schrieb der Schweizer Arnold Schwarz im *Allgemeinen Statistischen Archiv*: Zunächst scheine die Bezeichnung »Individualstatistik« ein Widerspruch in sich zu sein. Es habe den Anschein, als sei das Wesen der Statistik dem Individuellen durchaus entgegengesetzt. Am Horizont des Statistikers beginne »aber eine neue Methode aufzutauchen«:

> »Sie besteht in der wiederholten statistischen Beobachtung derselben Zählobjekte unter Festhalten an ihrer Individualität. Was bisher völlig gleichgültig war, ihr Einzelschicksal, wird jetzt vom Lichtkegel der statistischen Scheinwerfer verfolgt. (...) Statt von Zeit zu Zeit aus der ›Urne der Natur‹ solche Zie-

hungen zu veranstalten, bei denen die gezogenen Kugeln stets wieder in die Urne zurückgelegt und mit den dort zurückgebliebenen vermischt werden, kennzeichnet man jetzt die gezogene Kugel und legt sie zurück. Sieht man nach einiger Zeit wieder nach, so wird sorgfältig festgestellt, wie viele der bezeichneten Kugeln noch da sind, wie viele im Mischungsprozeß zerrieben wurden, wie viele neu hinzugekommen sind. Man ermittelt ihre Gewichtszunahme oder -abnahme, man kümmert sich nicht nur um ihre Farbe.«[22]

Ähnlich resümierte Friedrich Zahn 1940 die Entwicklung der nationalsozialistischen Statistik:

> »Die Bewegung geht neuerlich dahin, neben der summarischen noch die individuelle Darstellung zu pflegen. Zu letzterem Zweck werden Karteien für die einzelnen Volksgenossen (Volkskartei, Gesundheitspaß, Arbeitsbuch usw.) und für die einzelnen Betriebe (Hofkarten, Bodenkarten, Gewerbekataster, Lagerbuch) angestrebt, um daraus den Werdegang, das Leistungsvermögen und die tatsächliche Leistung zu erkennen.«[23]

Schwarz verwies schon 1932 auf die Forderung, für jeden Menschen bei seiner Geburt ein statistisches »Individualblättchen« anzulegen, in das die biographischen Ereignisse seines Lebens fortlaufend eingetragen werden – eine Art Karteikarte, die dann bei jeder Volkszählung hinzugezogen und aktualisiert werden könnte. In den Niederlanden, so schilderte Schwarz, sei diese Idealforderung zu einem gewissen Grad verwirklicht.

Die Niederlande galten als Musterland der Individualstatistik. Schon lange wurde dort modern regiert: 1829 diente laut königlichem Erlaß die erste Volkszählung nur dem Zweck, »ausführliche Register« einzurichten, die »alle Angaben und Mitteilungen über die Bevölkerung enthalten sollten, deren Kenntnis sich im Interesse des Staates als nützlich und erforderlich erwiesen« hatten. Das nützliche System wurde über ein Jahrhundert weiterentwickelt und im Zuge der Volkszählung vom Dezember 1930 »zu einem einheitlichen Personenkartensystem« ausgebaut. Die Personenkarten enthielten alle wichtigen Angaben über Religion, Beruf, Behinderungen, besondere Kenntnisse etc. Methorst und Lentz, die Direktoren der *Reichsinspektion für das Bevölkerungs-*

Abschrift
Übersetzung
Reichsinspektion für
das Bevölkerungsregister

Niederlande

Statistische Übersicht über 159.508 Anmeldungsformulare
Stichtag 13.Juni 1941.

		Niederländer:	Niederl.-Kolon.)N.I., Curac. u.Surin	Reichsdeutsche:	übrige Ausländer:	insgesamt:
Juden	Männer Frauen zus:	56790 60760 117.550	3 - 3	7221 7345 14.566	3935 3626 7.561	67949 71731 139.680
Mischlinge I.Gr.	Männer Frauen zus:	6476 6478 12.954	3 7 10	471 422 893	213 190 403	7163 7097 14.260
Mischlinge II.Gr.	Männer Frauen zus:	2613 2675 5.288	3 5 8	84 86 170	50 52 102	2750 2818 5.568
zus:		135.792	21	15.629	8.066	159.508

Amtliche Bilanz der über die Meldepflicht in den Niederlanden erfaßten Juden, gegliedert nach »Mischungsgrad« und nationaler Herkunft

register, schwärmten ihren deutschen Kollegen 1936 im *Allgemeinen Statistischen Archiv* vor: »Theoretisch kann die Sammlung von Angaben jeder Einzelperson so reichhaltig, ja sogar vollständig werden, daß man schließlich von einem Papiermenschen reden könnte, der den natürlichen Menschen vertritt.«[24] Vier Jahre später stützte sich die deutsche Besatzungsmacht auf die Volksregister als wichtigste bürokratische Grundlage. Lentz diente den Besatzern, die seine Arbeit außerordentlich schätzten.

Am 10. Januar 1941 führten die Deutschen in den Niederlanden für alle »Juden, Viertel- und Halbjuden« die Meldepflicht ein. Auf der Grundlage von Meldeformularen, die mit Karbonzwischenblättern in fünffacher, verschiedenfarbiger Ausfertigung vorlagen (weiß, blau, lila, dunkel- und hellgrün), schufen die nie-

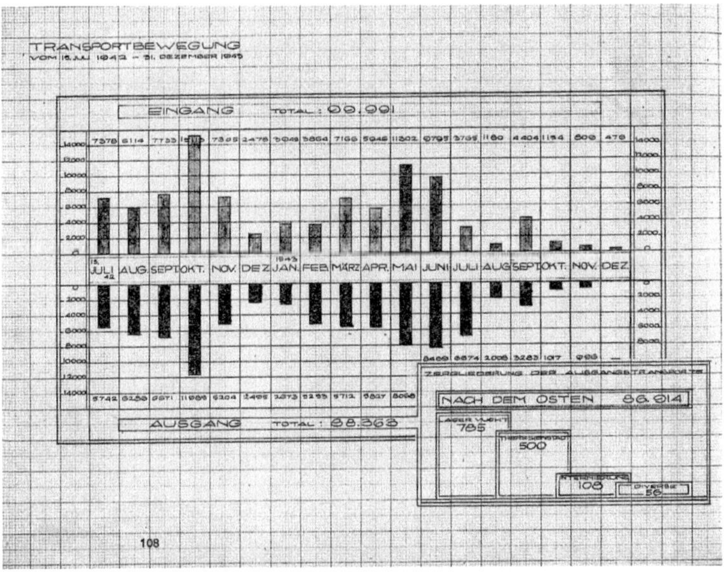

Transportstatistik des Sammellagers für niederländische Juden in Westerbork für den Zeitraum vom 15. Juli 1942 bis zum 31. Dezember 1943

derländischen Beamten der Haager Bevölkerungsinspektion – »loyal, ja sogar sehr bemüht« – eine Zentralkartei der Juden. Zusätzlich ließ man die ausgefüllten Meldescheine und auch die vorhandenen Karteikarten der gesamten holländischen Bevölkerung mit den kirchlichen Büchern über Judentaufen und den Beschneidungslisten der jüdischen Gemeinden vergleichen. Im August 1941 war das Register, das 160 820 Namen umfaßte, fertig – zur restlosen Zufriedenheit der Auftraggeber:

»Mit diesem Zentralregister für Juden und jüdische Mischlinge (...) ist nunmehr ein Instrument und eine zentrale Auskunftsstelle für alle Zweige der Verwaltung, Polizei und Rechtsprechung geschaffen, deren Benutzung ich in allen einschlägigen Fällen empfehlen, aber auch erbitten darf. Der enge organisatorische Anschluß des Zentralregisters an die Bevolkingsboekhouding (Bevölkerungsbuchhaltung) in den Niederlanden

> sichert eine schnelle Erfassung aller eingetretenen Änderungen (z. B. Wohnungsänderungen) und verbürgt so, daß die Registereintragungen laufend ein aktuelles Bild im Einzelfall und für statistische Zwecke vermitteln.«[25]

Der Personalausweiszwang verstärkte das Netz der Erfassung. Den Juden wurde in diesen Ausweis ein »J« eingestempelt, den Mischlingen »B I« oder »B II« (»B« stand für »Bastard«).

Auf dem Papier des Ausweises konnte nicht radiert werden, der kleinmaschige Aufdruck »Bevolkingsregister van Nederland« wurde unter einer Quarzlampe unsichtbar, die Stempeltinte war in Azeton löslich, auf die Rückseite des Paßbilds mußte der Ausweisinhaber ebenso wie auf den Ausweis selbst einen Abdruck des rechten Zeigefingers aufdrücken lassen. Das Paßbild wurde dann auf ein Fenster im Ausweispapier gelegt und von hinten mit einer durchsichtigen nicht ablösbaren Siegelmarke verklebt. Der Fingerabdruck auf der Rückseite des Paßbildes blieb also sichtbar.

Am 17. August 1940 führte Lentz den Ausweisentwurf, den er aus eigenem Antrieb entwickelt hatte, in Berlin vor – beim *Kriminaltechnischen Institut des Reichskriminalpolizeiamtes*. Die deutschen Erfassungstechniker waren tief beeindruckt, die Qualität der niederländischen Kennkarte übertraf die der deutschen bei weitem. Nur eines hatte er vergessen: die Verdopplung der Ausweise für eine zentrale Kartothek. Lentz, der kein Nazisympathisant, sondern ein bürokratischer Perfektionist war, nahm die deutsche Idee gerne an. Ab Oktober 1940 gaben die niederländischen Behörden die Ausweise an alle über 14jährigen Bürger aus und behielten gleichzeitig einen mit Fingerabdruck, Paßbild, Nummer und Unterschrift informationsidentischen »Empfangsbeweis« für das Bevölkerungsregister.

Gerade in den Niederlanden, wo die bürokratischen Bedingungen für die Nazi-Herrschaft so außerordentlich entwickelt waren und die Beamten die Erfassungsprozeduren als *ihr* ureigenstes Anliegen penibel verfolgten, gehörte der Zusammenhang zwischen bürokratischer Aufrasterungstechnik und effizienter Herrschaftsausübung zu den Schwerpunkten des Widerstands und der Nachkriegsdiskussion.[26] Im Januar 1944 schrieb der Höhere SS- und Polizeiführer der Niederlande, Hans Rauter, an Himmler: Die

Neuerfassung der Bevölkerung, der Versuch, durch die Neuausgabe von Ausweisstempelmarken die Register auf den neuesten Stand zu bringen, stoße auf »eine Unzahl von Flugblättern«. »Eine Anzahl von höheren Beamten des Bevölkerungsregisters wird dabei, vor allem Herr Lentz, schwer angegriffen und ihr Todesurteil ausgesprochen. Gleichzeitig stoßen solche Gruppen gegen Bevölkerungsregister und Distributieämter (Ämter für Lebensmittelmarken, d. Verf.) vor.«[27] Brandstiftungen und Überfälle auf Bevölkerungsregister häuften sich in den Jahren 1943 und 1944; die bürokratischen Herrschaftsmittel waren zentrale Ziele des Widerstandes. Das Besatzungsregime wehrte sich in erster Linie nicht mit Großrazzien und Massenerschießungen, sondern mit dem Versuch, das reißende bürokratische Netz immer schneller zu reparieren, immer fester anzuspannen. Rauter entwickelte einen Plan, der das »klaglose und sichere Funktionieren« der Registrierung einerseits und andererseits die »größtmögliche laufende Kontrolle« sicherstellen sollte. An Himmler berichtete er:

> »Ich beachsichtige, Reichsführer, die ganze niederländische Bevölkerung mindestens zweimal im Jahr durch die 1050 Bevölkerungsregister des Landes zu schleusen. Die Stammkarten (für Lebensmittelmarken – d. Verf.) und Persoonsbewijze sind vorzuzeigen, fehlende Daten über die Person werden beim Bevölkerungsregister ergänzt und die Stammkarten sowie die Persoonsbewijze werden mit einer Klebekontrollmarke überklebt, die alle sechs Monate die Farbe wechseln und von mir ausgegeben werden. Solcher Art soll die Identität der Personen von den Bevölkerungsregistern jährlich zweimal festgestellt werden.«[28]

Die Klebekontrollmarken – sie stammten aus der Wiener Staatsdruckerei – »mit dreifacher Schicht« waren die Voraussetzung für den gezielten Terror eines bürokratischen Erfassungssystems. Jacobus Lambertus Lentz, der sich unter dem NS-Regime seinem aufgeklärten Traum vom Papiermenschen so nahe sah, wurde 1946 in Den Haag zu drei Jahren Haft verurteilt.

Rassejuden, Halb- und Vierteljuden

Aus dem Blickwinkel der Bevölkerungspolitiker und Rassentechniker des Dritten Reiches waren die nach dem religiösen Bekenntnis ermittelten Zahlen von 1933 unbefriedigend. Sie unterschlugen den Anteil der »assimilierten Rassejuden«, die wegen ihrer »Vermischungs- und Bastardierungsneigung« als besonders gefährlich galten.

Der erste Versuch, Juden bei einer Volkszählung nicht nach ihrer Religion, sondern ihrer Rasse nach zu erfassen, war 1923 in Österreich gescheitert. Dort hatten die Großdeutsche Volkspartei und die Christliche Soziale Partei mit Erfolg beantragt: »Zur Frage 7 des Zählblattes (Sprache) ist auch die Volkszugehörigkeit und

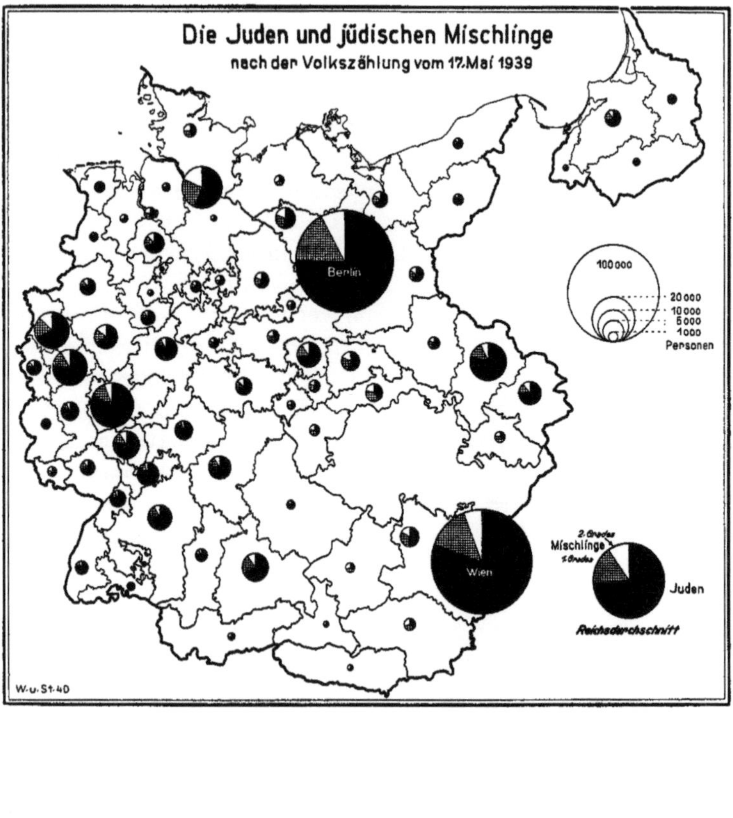

Rasse anzugeben.« »Dieser Versuch«, berichtete Burgdörfer, habe »ein eigenartiges Schicksal« gehabt, das kennzeichnend sei für »das Bestreben des Judentums, sich der vollständigen statistischen Erfassung zu entziehen«. Da im Zählblatt eine genaue Erläuterung und Kategorisierung des Begriffs »Rasse« und entsprechende Musterbeispiele gefehlt hätten, sei es für die »jüdisch-marxistische Presse« leicht gewesen, die Zählung zu sabotieren. Unmittelbar vor der Zählung hatten verschiedene liberale und sozialistische Zeitungen ihre Leser aufgefordert, die Frage nach der Rasse mit »weiß« zu beantworten, mit dem Ergebnis, daß die »weiße Rasse« in Österreich so weit verbreitet war wie der Einfluß dieser Zeitungen.

Das sollte 1939 bei der Volkszählung anders sein. Burgdörfer: »Wir werden nun im Altreich und in Österreich dem Ziel der vollständigen Erfassung des Judentums und der Judenmischlinge, wie ich hoffe, näherkommen, und zwar mit Hilfe der allgemeinen und umfassenden Abstammungserhebung.«[29]

Zwar hatten die jüdischen Gemeinden seit 1935 ihre Mitglieder nach Geschlecht und Alter vierteljährlich zu melden, und die Vorsitzenden taten das mit einer gewissen gutbürgerlichen Selbstverständlichkeit. Aber das Auflisten der gläubigen Juden reichte gerade nicht. Es ging um die Assimilierten, die Verdeckten, die Vermischten. Der Chef der Sicherheitspolizei drängte:

> »Nach der Machtübernahme konnte festgestellt werden, daß ein großer Teil der in Deutschland lebenden Juden sich evangelisch oder katholisch hat taufen lassen mit der Absicht, nach einem Wechsel des Wohnorts in den Melderegistern nicht mehr als Jude in Erscheinung zu treten und um ferner den Behörden, insbesondere den Politischen Polizeien in Einzelfällen die Feststellung der jüdischen Abstammung zu erschweren. Ich darf daher ergebenst anregen, geeignete Maßnahmen zu treffen, nach denen der Anmeldepflichtige neben der Religion anzugeben verpflichtet ist, ob er Jude im Sinne der Nürnberger Gesetze ist.«[30]

Die »notwendige Erfassung« der sich angeblich geschickt tarnenden, assimiliert lebenden »Juden« legitimierte nebenbei auch die rigorosen, durchaus ungewohnten Gesetze zur Erfassung *aller* Deutschen in den Jahren 1938/39. Bis dahin hatten sich Kirchen,

Bibliothekare, Ahnenforscher, Lehrer – sehr gewissenhaft – mit Unterstützung der zuständigen Ministerien an das Verkarten und Verzetteln der Juden gemacht. Die ersten fünf Jahre der NS-Herrschaft lassen sich als Periode »wilder«, offiziöser, aber deshalb nicht unsystematischer Erfassungsaktionen kennzeichnen.

Bibliothekare als Zuarbeiter

Unter der Überschrift »Das wissenschaftliche Bibliothekswesen im nationalsozialistischen Deutschland« würdigten die deutschen Bibliothekare 1938 ihren Beitrag zur »Entfernung des Judentums aus dem Geisterleben«:

> »(...) man (hatte) daher begonnen, die Rassenzugehörigkeit der am deutschen Geistesleben beteiligten Persönlichkeiten systematisch zu überprüfen und katalogmäßig festzulegen. Was lag näher, als daß Bibliothekare hier ihr Können und Wissen zur Verfügung stellten? In gemeinsamer Arbeit mit Beauftragten der Bewegung haben damals Bibliothekare die Lebensläufe der deutschen Doktoranden an Hand der Dissertationen überprüft, ferner Kürschners Gelehrtenlexikon, Gothaische Hofkalender, jüdische Lexika und sonstige Nachschlagewerke durchgearbeitet und verzettelt. Dieser Gemeinschaftsarbeit war es mit zu danken, daß bereits 1933 halbwegs brauchbare Vorarbeiten für die Ausmerzung jüdischer Schriftsteller, Schriftleiter und Professoren vorhanden waren.«[31]

Kirchenbücher geben Auskunft

1934 macht sich Karl Keller im *Allgemeinen Statistischen Archiv* Gedanken »Zur Frage der Rassenstatistik«:

> »Die Feststellung der jüdischen Abstammung bietet deshalb keine besonderen Schwierigkeiten, weil vor der Judenemanzipation die Zugehörigkeit zur jüdischen Konfession und zum jüdischen Volkstum sich im wesentlichen deckten. Mithin brauchen nur die Übertritte der letzten 130 Jahre aus den Kirchenbüchern und weiter den Standesamtsregistern festgestellt zu werden, um die Abstammung zu ermitteln. Die Fälle unehe-

> licher Geburten, bei denen ein Jude Vater ist, dürften nicht so zahlreich sein, daß sie das Ergebnis wesentlich trüben.«[32]

Die Emanzipation der Juden hatte in Preußen 1808 mit den Reformen des Freiherrn von Stein begonnen. Von 1874/75 an haben die staatlichen Standesämter – als Ergebnis des Bismarckschen Kulturkampfes – sämtliche Wechsel des Personenstandes und auch der Religion beurkundet. Seit 1933 sahen die Standesbeamten diese Register, die immerhin fast 60 Jahre zurückreichten, nach »Judentaufen« und »Mischehen« durch und meldeten sie an die *Reichsstelle für Sippenforschung.*

Für die Zeit davor galt es, die verstreuten und insbesondere in den Großstädten unübersichtlichen Kirchenbücher, »sippenkundlich wichtige Schriftdenkmäler«, zu systematisieren, die zeitliche Ordnung durch eine streng »abeceliche« zu ergänzen. Unter der Leitung des evangelischen Archivrates Karl Themel verkarteten 1936 »weit über 150 Arbeitskameraden« die Taufbücher der Berliner evangelischen Gemeinden zunächst für die Zeit vom 1. Januar 1800 bis 30. September 1874. Die frommen Arbeitskameraden taten das beispielhaft »mit viel Treue und reger Anteilnahme«. Sie schufen mit einer Million Karten die »größte (heute noch bestehende, d. Verf.) Kirchbuchkartei der Welt« – »angeregt und gefördert durch eine Reihe staatlicher und kirchlicher Stellen, (...) vor allem durch den geschäftsführenden Ausschuß der Berliner Stadtsynode, der die Mittel bereitwilligst zur Verfügung stellte und der finanzielle Träger der Arbeit war«. Ihr Herzstück war die Fremdstämmigen-Taufkartei, die nach Themels Arbeitsanweisung besonders gewissenhaft zu erstellen war:

> »Bei der Verkartung spielen auch die Fremdstämmigen eine besondere Rolle. (...) Als Fremdstämmige sind in erster Linie Juden, Zigeuner und Neger (Mohren an Fürstenhäusern) anzusehen. Für die größeren Karteien empfiehlt es sich, eine eigene Fremdstämmigenkartei anzulegen. Bei Fremdstämmigen sollte unter allen Umständen ein Doppel an die Fremdstämmigen-Kartei der Reichsstelle abgegeben werden. Sowohl Änderungen von Familien- wie Vornamen finden sich bei Fremdstämmigen-Taufen sehr häufig. Das Judentum suchte seine Herkunft zu verschleiern. (...) Als fremdstämmig ist natürlich auch der anzusehen, bei dem der eine Elternteil fremdstämmig ist. In den

Taufbüchern finden sich nur Taufen von Volljuden und Mischlingen ersten Grades als solche bezeichnet.«[33]

Diese Kartei wurde das Vorbild für denunziatorische kirchliche Systematik in anderen Großstädten. Ohne sie wäre es für die staatlichen Stellen sehr viel schwerer gewesen, mit den Begriffen »Rassejude« oder »Mischling« wirklich ernst zu machen.

Sippenforschung

Zuständig für die »endgültige« Einordnung von Zweifelsfällen war die *Reichsstelle für Sippenforschung.* Andere Behörden (etwa die Polizei) durften den Betreffenden fragen, ob er Jude oder Halbjude sei, sie durften Strafen androhen für den Fall unrichtiger Auskünfte, aber »feststellen« durfte nur die Reichsstelle – per genealogischem Gutachten. Sie unterstand dem Reichsinnenministerium und war 1934 aus der Dienststelle des *Sachverständigen für Rasseforschung* hervorgegangen, diese war – das sollte institutionenkundlich hinzugefügt werden – nichts weiter als die bereits im März 1933 verstaatlichte partei-offizielle *NS-Auskunft*, eine riesige – in der »Kampfzeit« angelegte – Denunziations- und Rachekartei der NSDAP. Ständiger Leiter dieser wachsenden, den Namen wechselnden, schließlich 1940 zum *Reichssippenamt*[34] aufsteigenden Institution war Dr. Achim Gercke. Seine Zuträger waren Ahnenforscher und Standesbeamte. Mit dem tonangebenden Teil dieses Berufsstandes träumte er von einem »zentralen Zivilstandesamt«, von einer »Reichssippenkartei« (zur »Überwachung der Bevölkerungsentwicklung«), von einer nicht einfach registrierenden, sondern schöpferisch forschenden und denkenden Behörde. Die Standesbeamten waren dabei, sich in »Sippenbeamte« umzubenennen.[35]

Die Partei – am Beispiel des Dr. Fritz Arlt

Parallel zu den Kirchenmännern, Bibliothekaren und Ahnenforschern arbeiteten sich kreuzend Polizeidienststellen, Sicherheitsdienst und die Rassenpolitischen Ämter der NSDAP an sogenannten Fremdstämmigenkarteien. Adolf Eichmann hat seine Karriere so begonnen: Nachdem er 1934/35 die Freimaurerkartei des Sicherheitdienstes bearbeitet hatte, wirkte er vom Frühjahr 1935 an im »Referat II, 112, Judentum«:

»*9. 6. 1937*
Betr.: Abteilungsbesprechung II 112
In der Besprechung wurde nach allgemeinen Ausführungen betont, daß die Arbeit von II 112 sich zukünftig auf *restlose Erfassung* der Juden in der Judenkartei konzentrieren werde. (...)
Anschließend wurde mit jedem Referat sein Arbeitsgebiet durchgesprochen und festgesetzt, welchen Aufgaben es sich in der nächsten Zeit neben den anfallenden laufenden Anfragen vornehmlich zu widmen habe.
1) *SS-Hptscharf. Eichmann*:
a) Fixierung der Vorschläge für die Aufstellung der Judenkartei
b) Regelung der Zusammenarbeit mit den auf der Aufstellung der Judenkartei zu befragenden Dienststellen
c) Unterrichtung der Oberabschnitte über das System bei der Aufstellung der Kartei, Herstellung der Verbindung der OA-Referenten mit den in Frage kommenden Dienststellen.«[36]

Eichmann kam mit seiner Aufgabe nicht recht voran. Der Sicherheitsdienst beschloß deshalb, die Volkszählung abzuwarten und andererseits, »nach dem Muster von Dr. Arlt«, in den verschiedenen Gauen dezentrale »Fremdrassigenkarteien« aufzubauen.

»Der Wert der Kartei liegt darin, daß über die rein persönlichen Verhältnisse, die biologischen, die politisch staatlichen, die Strafverhältnisse in völkischer, krimineller, sittlicher Hinsicht, wirtschaftlichen usw. Verhältnisse angegeben sind. Das Entscheidende bei einer Fremdrassigenkartei ist, daß der einzelne Probant in seinem Sippen- und Familienzusammenhang erfaßt wird. Für jeden der einzeln Aufgeführten, also für die Frau, gleich, ob sie jüdisch oder deutschblütig ist, für jeden Eltern- und Großelternteil, für jedes der Kinder, wird die Karte neu ausgefüllt, so daß, wenn ein Jude oder ein Fremdrassiger auftritt, es ein leichtes ist, durch Zusammenlegen der einzelnen

Karten die gesamte Sippe zu erfassen« (Informationsdienst des Rassenpolitischen Amtes der NSDAP, Nr. 38).

Arlt, der seit Juni 1936 im Rassenpolitischen Amt Schlesien arbeitete und bald zum Gauamtsleiter aufstieg, hatte zuvor eine Art Modellversuch zur Judenerfassung erfolgreich abgeschlossen, die »Volksbiologischen Untersuchungen über die Juden in Leipzig«.[37] Untersuchungsgegenstand, Methode und Person des Untersuchers sind dabei gleichermaßen interessant.

Fritz Arlt war 1912 geboren, Mitglied der NSDAP seit 1930. 1932 begann er in Leipzig Theologie, Anthropologie und Soziologie zu studieren; er »gehörte beim Umsturz der Hilfspolizeibereitschaft Hauptmann Rost an«. In den nächsten Jahren war er Leiter des Studentenwerks Leipzig, Fachschaftssprecher der Theologen. Sein Interesse galt »Stipendienfragen und der Gesundheitsfürsorge«. 1936 promovierte er zum Doktor der Philosophie mit einem »Beitrag zur Rassenpsychologie«: »Die Frauen der altisländischen Bauernsagen und die Frauen der vorexilianischen Bücher des Alten Testaments«. Er führte darin den »Nachweis«, wie sich »Hurerei mit bedeutenden Momenten der Geschichte Alt-Israels« verknüpft, daß »Falschheit eine typische Eigenart altisraelischen Frauenseelenlebens zu sein scheint« und schließlich, daß die »alt-israelische Frau nicht wie die alt-isländische das Gefühl beherrscht«, sondern »vom Gefühl beherrscht wird«. Am Ende der Dissertation steht: »Daß [...] ich diese Art von Wissenschaft treiben (konnte), dafür sage ich am Schluß der Arbeit meinem sehr verehrten Lehrer, Herrn Professor A. Gehlen, meinen ergebensten Dank.« Arnold Gehlen war nach dem Krieg Professor an der Technischen Hochschule Aachen und vielleicht der bedeutendste soziologische Wegbegleiter der Adenauer-Restauration.

Noch während er promovierte, arbeitete Arlt als *Kreisbeauftragter des Rassenpolitischen Amtes* an der volksbiologischen Untersuchung Leipzigs. »Wertvoll an dieser Arbeit sind die genauen Erhebungen über die Mischlinge ersten und zweiten Grades.«[38] Er analysierte die Wohn- und Berufsverhältnisse aller Juden in Leipzig, ihre Kinderzahl, ihre Geburtsorte, ihre Verteilung im Stadtgebiet ebenso wie die (geringe) »Bastardisierungsneigung«.

Auf der letzten Seite seiner Arbeit griff Arlt der Geschichte vor –

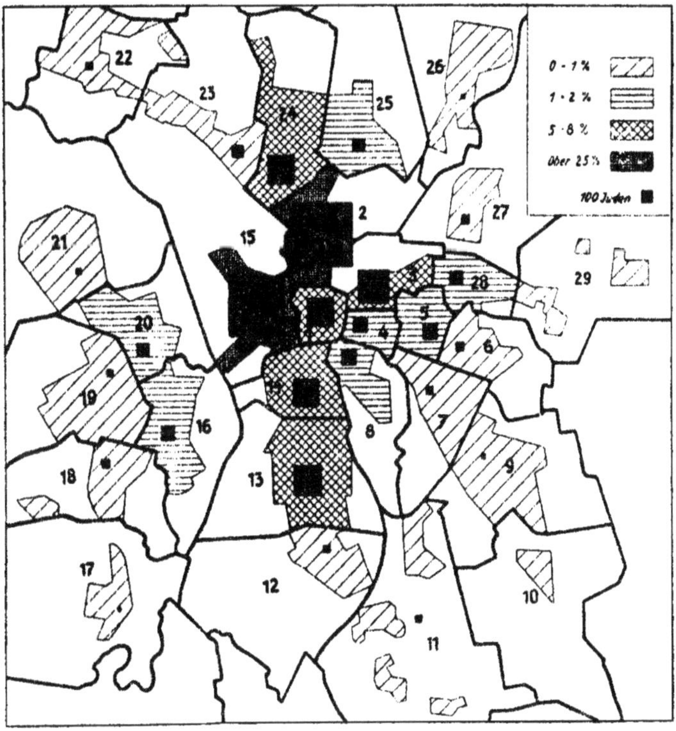

Plan über die »Ausbreitung der Juden im Leipziger Siedlungsgebiet«. Er ist dem 1938 erschienenen Buch »Volksbiologische Untersuchungen der Juden in Leipzig«, verfaßt von dem Soziologen und Bevölkerungswissenschaftler Fritz Arlt, entnommen.

er »meldet« alle Orte Polens, »in denen jeweils mehrere der gegenwärtig in Leipzig lebenden Juden geboren wurden«: »Es erfolgt diese Meldung aus der Erkenntnis, daß innerhalb kürzester Zeit sich oft die Bedeutung einzelner Gegenden und Landschaften für das Judentum ändert. Unsere Aufzählung der Orte kann deshalb in Zukunft von bevölkerungsgeschichtlichem Interesse sein.« Mit dieser Aufzählung polnischer Städte und Kleinstädte – zu denen die späteren Zentren der »Umsiedlung« Warschau, Lodz, Oświęcim (Auschwitz) gehören – schloß Arlt 1936 seine

Untersuchungen über die Leipziger Juden. Im selben Jahr führte der Sicherheitsdienst ein Kontaktgespräch mit ihm:

> »Dr. Arlt ist alter Pg. Er besitzt hervorragende Kenntnisse über das Judentum. Während seiner Zeit in Leipzig hat er sämtliche Voll-, Dreiviertel-, Halb- und Vierteljuden karteimäßig kategorisch erfaßt. Diese Arbeit hat Dr. Arlt aus eigener Initiative durchgeführt. Er beabsichtigt, dieselbe Kartei zuerst für Oberschlesien und schließlich für ganz Schlesien aufzubauen und bat um die Unterstützung des S. D. (...) Dr. Arlt erbot sich, einigen SD-Angehörigen Neuhebräisch zu lehren. (...) Der Referent II 112 des SD-OA (Oberabschnitt des Sicherheitsdienstes, d. Verf.). Südost hat bereits am 3. 7. 36 mit Dr. Arlt Fühlung aufgenommen. Eine unmittelbare Aussprache mit dem Leiter der Abteilung II 112 in Berlin wird für angebracht gehalten.«[39]

1938/39

Die beiden letzten Vorkriegsjahre brachten die Erfüllung ordnungspolizeilicher Träume. Die allgemeinen Kontrollvorgänge (die Reichsmeldeordnung, das neue Personenstandsgesetz, der Kennkartenzwang für Juden und wehrfähige Männer, die allgemeine Volkszählung und die nach Jahrgängen sortierte Volkskartei) waren darauf gerichtet, alle »Volksgenossen« möglichst häufig und routiniert durchzusortieren und in dieser allgemeinen Prozedur diejenigen dingfest zu machen, die bestimmte vorgegebene, variierende Merkmale erfüllten. »Dingfestmachen« nicht unbedingt im Sinne von verhaften oder auch nur belästigen, es ging in erster Linie um bürokratische Kennzeichen: Stempel, Karteireiter, Schrägstriche, Kreuze. Nichts blieb dabei zufällig. Die Erfassungsmaßnahmen beruhten gerade nicht auf individueller, eher schon auf kollektiver Denunziation. Die halbamtlichen, halbprivaten Vorläufer waren für die Opfer bedrohlich. Sie wußten nicht, was schon gewußt wurde.

Am Ende des Jahres 1939 waren alle als jüdisch klassifizierten Bürger erfaßt und mehrfach registriert, desgleichen diejenigen, die teilweise jüdischer Abstammung und mit einem Juden verheiratet waren. Lebensalter, Beruf, Einkommen, Wohnsitz, weitere Familienmitglieder, Fruchtbarkeit, Bild, Fingerabdruck, Handschrift waren in einer Weise dokumentiert, die einerseits ausweglos und andererseits sauber und korrekt erschien. Die folgenden Dokumente zeigen die Erfassungssystematik in ungefährer zeitlicher Reihenfolge.

Personenstandsgesetz (1. Verordnung vom 19. 5. 1938)

»§ 12 (1) Das religiöse Bekenntnis wird, soweit eine rechtliche Zugehörigkeit zu einer Religionsgesellschaft oder Weltanschauungsgemeinschaft besteht, nach dieser Zugehörigkeit bezeichnet. Personen, die einer Religionsgesellschaft oder Weltanschauungsgemeinschaft nicht angehören, können in den Personenstandsbüchern nur als gottgläubig oder glaubenslos bezeichnet werden. (...) (3) Die frühere Zugehörigkeit zu einer jüdischen Religionsgemeinschaft wird vermerkt. (...) § 19 (2) Die Verlobten haben ferner schriftlich oder zur Niederschrift des Standesbeamten anzugeben, was ihnen über die Rassenzugehörigkeit und die Religion ihrer Großeltern bekannt ist, und zu versichern, daß sie die Angaben über ihre Abstammungsverhältnisse nach bestem Wissen gemacht haben. (3) Der Standesbeamte kann die Vorlegung weiterer Personenstandsurkunden insbesondere der Heiratsurkunde der Großeltern verlangen, wenn ihm bestimmte Tatsachen bekannt sind, die für eine andere als die von den Verlobten angegebene Abstammung sprochen.«[40]

Vom 1. Januar 1939 an mußten sich Juden, soweit sie andere als die im amtlichen »Verzeichnis der jüdischen Vornamen« festgelegten Namen hatten, zur Erleichterung ihrer Einordnung die Zwangsvornamen Sarah bzw. Israel bei den Standesämtern eintragen lassen.[41]

Kennkartenzwang (3. Bekanntmachung vom 23. 7. 1938)

»§ 1 Juden (§ 5 der Ersten Verordnung zum Reichsbürgergesetz vom 14. November 1935 – RGBl I. S. 1333), die deutsche Staatsangehörige sind, haben unter Hinweis auf ihre Eigenschaft als

> Jude bis zum 31. Dezember 1938 bei der zuständigen Polizeibehörde die Ausstellung einer Kennkarte zu beantragen. Für Juden, die nach dem Inkrafttreten dieser Bekanntmachung geboren werden, ist der Antrag innerhalb von drei Monaten nach der Geburt zu stellen.
> § 2 Juden (§ 1) über 15 Jahre haben sich, sobald sie eine Kennkarte erhalten haben, auf amtliches Erfordern jederzeit über ihre Person durch ihre Kennkarte auszuweisen.
> § 3 Juden (§ 1) haben, sobald sie eine Kennkarte erhalten haben, bei Anträgen, die sie an amtliche oder parteiamtliche Dienststellen richten, unaufgefordert auf ihre Eigenschaft als Jude hinzuweisen sowie Kennort und Kennummer ihrer Kennkarte anzugeben oder, falls die Anträge mündlich gestellt werden, unaufgefordert ihre Kennkarte vorzulegen. Das gleiche gilt für jede Art von Anfragen und Eingaben, die Juden an amtliche oder parteiamtliche Dienststellen richten, sowie bei der polizeilichen Meldung.«[42]

Wer die Kennkarte beantragen mußte, hatte zwei Paßbilder abzugeben. Das zweite Bild wurde dem »Kennkartendoppel« beigefügt, das an die Volkskarteikarte angeheftet wurde: »Auf diese Weise wurde die Kennzeichnung der Juden beinahe automatisch herbeigeführt.«[43]

Die Volkszählung

> »Zur Zeit halte ich eine Erweiterung der polizeilichen Meldepflicht in dem vom Hauptamt Sicherheitspolizei angeregten Sinne nicht für zweckmäßig, zumal die Ergebnisse dieses Vorgehens auf lange Zeit hinaus doch nur lückenhaft bleiben könnten. Es erscheint mir vorteilhafter, den für die beabsichtigte Feststellung erforderlichen Arbeitsaufwand auf die einmalige Gesamtzählung der Juden, jüdischen Mischlinge und sonst Fremdblütigen zu konzentrieren.«

So die Abteilung I des Innenministeriums am 4. Februar 1937. Wie diese »vorteilhaftere«, »zweckmäßige« Regelung aussehen sollte, schlugen die Ministerialbürokraten, die sich nach dem Krieg mit Hilfe der *Vierteljahrshefte für Zeitgeschichte* eine »Hin-

276

Der Chef der Ordnungspolizei
O-VuR R III 4049 III/37

Berlin, den 19. November 1938.

1.) An
den Chef der Sicherheitspolizei
in Berlin SW 11,
Prinz-Albrecht-Str. 8.

Ohne Anlagen.

Ab 25.11. Wv

RD. Liebermann v. Sonnenberg.

Betr.: Überwachung des Judentums.
Bezug: Schreiben vom 3. Juli 1937 -O-VuR. R III 4049 II/37 -.

Bei der für Mai des kommenden Jahres in Aussicht genommenen Volks-, Berufs- und Betriebszählung ist eine Ergänzungskarte als Anlage zu dem Hauptfragebogen vorgesehen, welche folgende Fragespalte enthält:

War oder ist einer der vier Großelternteile der Rasse nach Volljude? (Ja oder nein) (siehe Erläuterung IV)			
Großvater	Großmutter	Großvater	Großmutter
väterlicherseits		mütterlicherseits	
5	6	7	8

IV. Zu den Spalten 5 bis 8:
Maßgebend ist allein die rassenmäßige, nicht die konfessionelle Zugehörigkeit. Auch Glaubensjuden haben ihre der Rasse nach volljüdischen Großeltern anzugeben.

Da diese Ergänzungskarten auch sämtliche Personalien der Personen, welche die Frage beantwortet haben, enthalten, können sie eine vollkommene Unterlage für eine Kartei der Juden und Mischlinge bilden. Das Statistische Reichsamt wertet die Angaben nur zahlenmäßig aus. Nach Abschluß dieser Auswertung sind die Ergänzungskarten für das Statistische Reichsamt entbehrlich. Es wird angeregt, sie für eine Reichskartei der Juden und Mischlinge, die von Herrn Ministerialrat K r a u s e geplant war, ggf. nutzbar zu machen.

–5
21. NOV. 1938

2.) Wv. bei RR v. Liebermann
3.) Z.d.A.

haltetaktik« angedichtet haben,[44] der Heydrichschen Sicherheitspolizei gleich mit vor:

»Es ist beabsichtigt, bei der im Jahre 1938 stattfindenden allgemeinen Volkszählung auch die blutmäßige Zusammensetzung der deutschen Bevölkerung festzustellen. Das Ergebnis dieser Feststellungen könnte im Anschluß hieran auf den polizeilichen Meldekarten vermerkt werden. Auf diese Weise würden die Polizeibehörden einen umfassenden Überblick über die rassische Einordnung der in ihrem Bezirk wohnenden Personen erhalten und das vom Hauptamt Sicherheitspolizei erstrebte Ziel am sichersten erreicht werden.«[45]

In weiteren Gesprächen »ergibt sich Übereinstimmung« zwischen der Sicherheitspolizei und dem Innenministerium: Die Melderegister sollten mit Hilfe der Volkszählung »in Ordnung gebracht« und die Abstammung nachträglich vermerkt werden. Das gleiche Verfahren diente der Ergänzung der Volkskartei:

»Weiter sind die Karten solcher jüdischer Personen entsprechend zu kennzeichnen, die den Helfern nicht als Juden bekannt waren, aber den Karteibehörden als Juden bekannt sind. Die endgültige und vollständige Durchführung dieser Kennzeichnung wird, da im allgemeinen der Inhalt des Meldematerials nicht hierzu ausreichen wird, erst nach der Volks-, Berufs- und Betriebszählung im Mai 1939 möglich sein. Der für die Volkszählung in Aussicht genommene Fragebogen wird auf einer Anlage entsprechende Fragen enthalten.«[46]

Wenn ein Jude dann immer noch durch die Erfassungssysteme durchgeschlüpft war, dann sollte ihn sein Kennkartendoppel – als dritte Sicherung – rassisch überführen und seine bürokratische Kennzeichnung gewährleisten:

»(4) Anläßlich der Einordnung der Kennkarten von Juden (Jüdinnen) – für diese besteht Kennkartenzwang –, sind gleichzeitig ihre Volkskarteikarten dadurch zu kennzeichnen, daß auf ihnen über der Zahl 14 ein *schwarzer* Kartenreiter befestigt wird. Auch neu angelegte Karten sind entsprechend zu kennzeichnen.«[47]

Die Reichskartei der deutschen Juden

Anhand der »Ergänzungskarten« der Volkszählung wurde bald die Reichskartei der Juden und jüdischen Mischlinge (»Volkstumskartei«) erstellt:

> »Auf meine und des Chefs der Sicherheitspolizei und des SD gemeinsame Anregung hat das Statistische Reichsamt aus dem Urmaterial der Volkszählung vom 17. Mai 1939 eine Kartei der Reichsangehörigen nichtdeutscher Volkszugehörigkeit (Volkstumskartei) hergestellt. Die einzelne Karte enthält den Namen (auch Mädchennamen), die Vornamen, die Wohnung (auch Kreis und Gemeinde), das Geschlecht, den Geburtstag und die Angaben des Gezählten betr. Religion, Muttersprache, Volkszugehörigkeit, Beruf, bei Haushaltungsvorständen die Zahl ihrer im Haushalt lebenden Kinder unter 14 Jahren und eine Erklärung (ja oder nein), ob eine Bodenfläche bewirtschaftet wird. Die mir unterstehende Publikationsstelle* (Berlin-Dahlem, Gelferstraße 11), die diese Kartei verwahrt, ist angewiesen, auf Anfrage einzelne Auskünfte daraus zu erteilen.«[48]

Die schrittweise perfekte Erfassung hatten nicht parainstitutionelle NS-Organisationen, sondern das Statistische Reichsamt erreicht. Die Volkszählung von 1939 war der Schlußstein in der Erfassung der Juden. Artur Kääb, der Organisator der Volkskartei und des allgemeinen Meldezwangs, sagte es so:

> »Die Juden werden teils vorsorglich, teils zu sofortigem Zweck durch Bereiterung ihrer Karten gekennzeichnet. Es ist ohne weiteres klar, daß man einer Übersicht über sie, auch mit ihrer Wohnungsangabe, bedarf. Da sie nicht wehrpflichtig sind, aber arbeitseinsatzfähig und meist in geschlossenen Abteilungen zum Arbeitseinsatz gelangen, müssen die Behörden in der Lage sein, jederzeit auf sie zurückgreifen zu können. Infolgedessen müssen die Gemeinden, staatlichen Polizeiverwaltungen und die Landräte einen Überblick darüber haben, ob und wo Juden in ihrem Bereich wohnen und wer sie sind.«[49]

* Die Publikationsstelle leitete der Direktor des Geheimen Preußischen Staatsarchivs, Johannes Papritz. Sie unterstand dem Reichsinnenministerium und war eng verbunden mit dem Sicherheitsdienst.

Judenzählungen in Europa

Das zentrale Kriterium Heydrichs, »die genaue Festlegung des in Betracht kommenden Personenkreises«, war erfüllt. Sollte die Abwicklung geräuschlos vonstatten gehen, galt es, Fehlgriffe und unnötiges Aufsehen zu vermeiden. Die nach Jahrgängen geordnete Volkskartei mit den schwarzen Judenreitern über der Zahl 14 ermöglichte ein präzises, selektives Vorgehen. So wurden auf Heydrichs Veranlassung später die Juden über 65 und die im Ersten Weltkrieg Schwerbeschädigten aus der Kartei herausgezogen und in das »Altersghetto« Theresienstadt abtransportiert. Heydrich: »Mit dieser zweckmäßigen Lösung werden mit einem Schlag die vielen Interventionen (besorgter Deutscher und Ausländer – d. Verf.) ausgeschaltet.« Bei Ehen zwischen Juden und Deutschblütigen »muß von Einzelfall zu Einzelfall entschieden werden«, »unter Berücksichtigung auf die Auswirkungen einer solchen Maßnahme auf die deutschen Verwandten«.[50]

Wo immer die Deutschen ab 1938 fremde Länder überfielen, rückten sofort Polizei und Sicherheitsdienst nach, um zu erfassen, zu zählen, zu trennen. Einwohnermelderegister, Kirchenbücher, Judenmatrikel, Karteien jeder Art – das waren die ersten und oft unzerstörten Ziele der deutschen Besatzungskommissare.

Auf Anordnung des Reichsführers SS veranstalteten die Deutschen noch 1939 in den »neueingegliederten Ostgebieten« eine Volkszählung: »Die Vordrucke können die notwendige einmalige Erfassung aller Einwohner ersetzen. Außerdem kann ihr Inhalt bis zu einem gewissen Grade den Arbeitsämtern die für den Arbeitseinsatz erforderlichen zahlenmäßigen Angaben über die berufliche Aufgliederung der Bevölkerung liefern. Die den Beruf, die Volkszugehörigkeit, die Muttersprache und die Religion betreffenden Fragen sollen die Umsiedlung der Volksgruppen erleichtern.« In der amtlichen Bekanntmachung zu diesem Zählwerk hieß es dann:

1. »In der Zeit vom 17.–23. Dezember 1939 findet eine Erfassung der Einwohner statt. Alle Personen vom vollendeten 12. Lebensjahr an sind verpflichtet, sich zu dieser Erfassung auf dem dafür bestimmten Vordruck anzumelden. Die Vordrucke sind in zweifacher Ausfertigung möglichst mit Tintenschrift

auszuschreiben. Ausgenommen von der Meldepflicht sind Angehörige der Deutschen Wehrmacht, des Reichsarbeitsdienstes, die in dem besetzten Gebiet tätigen deutschen Beamten und die vorübergehend hier tätigen Amtswalter der Partei und ihrer Gliederungen.

2. Jeder Meldepflichtige hat die ausgefüllten Anmeldungen an dem dafür bestimmten Tag persönlich abzugeben. Wer im Besitz eines Ausweises ist, muß ihn mitbringen.
3. Das erste Stück der Anmeldung erhält jeder Meldepflichtige, nachdem es abgestempelt und mit seinem Fingerabdruck versehen ist, als Ausweis zurück. Er hat ihn stets bei sich zu führen. Wer späterhin ohne Ausweis getroffen wird, kann festgenommen oder ausgewiesen werden.
4. Bettlägerige Kranke oder am Gehen Behinderte sind verpflichtet, die Meldescheine durch Familienmitglieder, Hausgenossen oder Bekannte zu übersenden und dabei den Grund ihres Nichterscheinens mitzuteilen. Die Entnahme von Fingerabdruck und Unterschrift erfolgt dann in ihrer Wohnung.«

»Zur Vorbereitung weiterer Maßnahmen« waren dann die Meldescheinsammlungen für die Angehörigen einzelner Volksgruppen jeweils speziell zu kennzeichnen. »Eine bestimmte Strafe für falsche Angaben ist nicht vorgesehen, um der Polizei je nach Lage des Falles freie Hand in der Wahl der Ahndung zu lassen.«[53] Wenig später wurde mit dem Zählen der Juden im Generalgouvernement begonnen: »Aber noch schwerer hat sie eine andere deutsche Maßnahme getroffen. Die deutsche Verwaltung hat nämlich nicht genügend Respekt vor dem Talmud, der es verbietet, die Kinder des Volkes Israel zu zählen. Wir wissen, die Juden haben nie großen Wert darauf gelegt, ihre Zahl und damit ihren wirklichen Einfluß bekannt werden zu lassen. Trotzdem ist die deutsche Verwaltung darangegangen, eine genaue statistische Erhebung der gesamten Judenheit im Generalgouvernement durchzuführen. Eine grauenhafte Arbeit, auf deren Ergebnis man sehr gespannt sein darf.«[52]*

* König David, der knapp 1000 Jahre v. Chr. Jerusalem erobert und den jüdischen Stämmen einen Staat verschafft hat, ließ »vom Satan gereizt« zählen, wie viele

Am 15. Dezember 1940 ließ das von den Deutschen abhängige Regime in der Slowakei zählen. Die Sonderauszählung der Juden ergab 88 951 [53] – eine Zahl, die ein gutes Jahr später im Protokoll der Wannsee-Konferenz stand. Vom 31. März bis 11. April 1941 besuchte Burgdörfer das »befreundete« Rumänien.[54] Im *Allgemeinen Statistischen Archiv* veröffentlichte er einen »Reisebericht«. Die dortige Zählung habe, berichtete er, »hohe politische Bedeutung«. »Volksumfrage, Flüchtlingsfrage, Juden- und Zigeunerfrage« seien zu klären. In erster Linie ging es bei dieser Zählung aber, die selbstverständlich mit deutscher Beratung vorbereitet worden war, um Identifizierung.

»In Art. 7 des Ausführungsgesetzes wird bestimmt, daß alle Einwohner des Landes im Bevölkerungsverzeichnis der Gemeinde auf der Grundlage der bei der Zählung gemachten Angaben von Amts wegen eingetragen werden. In das gleiche Verzeichnis sollen die nach dem 6. April geborenen und einreisenden Personen eingetragen werden. Alle diese Personen sollen einen Ausweis erhalten, der der einzige Identitätsausweis vor den Behörden sein wird. Zur Durchführung dieser Aufgabe wird mit dem Statistischen Zentralinstitut ein Zentralamt für die Meldung und Identifizierung der Bevölkerung verbunden. Es wird also hier im Anschluß an die Volkszählung der Versuch gemacht, das Meldewesen und die Führung eines Bevölkerungsregisters neu aufzubauen. Mit dieser Aufgabe ist Dr. med. P. Vlad beauftragt, der sich demnächst zum Studium des deutschen Meldewesens nach Deutschland begeben wird.«[55]

Allgemeine Zählung, gekoppelt mit Melde- und Ausweiszwang, waren die bürokratischen Grundlagen der späteren Deportationen. »Ob und welche Maßnahmen aufgrund der gewonnenen Erkenntnisse vorgenommen werden, ist eine zweite Frage, der zu gegebener Zeit nähergetreten werden kann.«[56] Aber auch diese »zweite Frage«, der erst später – »zu gegebener Zeit« – nähergе-

schwertfähige Männer ihm und seinen Unterwerfungsplänen zur Verfügung standen: fast 1,5 Millionen. Gott sah in dieser Volkszählung eine schwere Sünde; die menschlichen Anmaßungen von Macht, die nur ihm zustand. Und zur Strafe ließ er »eine Pest über Israel kommen«. Vgl. 1. Chronik, 21; 2. Samuel, 24).

treten werden sollte und deren Ergebnisse wir kennen, haben Experten vorbereitet und beantwortet.

Als Leiter der Abteilung *Bevölkerungswesen und Fürsorge* arbeitete Fritz Arlt seit dem 2. November 1939 in Krakau, verantwortlich für die Grundzüge der Bevölkerungspolitik, die Erfassungsaktionen und die schließliche »bevölkerungspolitische Sanierung« im besetzten Polen. Seine Ziele skizzierte er im Juli 1940 im Informationsdienst seines Amtes:*

Der Prozentsatz der wirklich guten Ackerböden dieses »unter den Schutz des Reiches gestellten Gebiets« liege unter 20 Prozent der Gesamtfläche. Die Bevölkerungsdichte sei fast so groß wie im Deutschen Reich: 126 Menschen pro Quadratkilometer. »Das ist sowohl in Hinsicht auf die natürliche Bodenausstattung als auch in Hinsicht seiner industriellen Aufbereitung und Einrichtung zuviel. (...) Das Generalgouvernement ist ein übervölkertes Gebiet« (S. 20). »Der Bevölkerungskundler kennt aus der Geschichte und der praktischen Bevölkerungspolitik drei Wege zur Lösung des Problems der Überbevölkerung«, so fuhr Arlt fort: Die erste Möglichkeit sei, die »Dezimierung der Volkszahl durch Abwanderung auf Zeit (Saisonwanderung)«. Das geschehe in der Form massenhafter Aushebung von Zwangsarbeitern für die deutsche Rüstungs- und Landwirtschaft. Als zweite »Lösung« bestehe die »endgültige Auswanderung«. Die aber war nach Arlts Analyse zum damaligen Zeitpunkt wegen des Krieges verschlossen. Den dritten Weg nannte Arlt nur verschlüsselt – aber er nannte ihn: Es sei die physische Vernichtung von Menschen und ganzen Bevölkerungsgruppen. Arlt deutete an: Für »die am meisten dem Absterbeprozeß unterworfenen Schichten« sei mit einer zusätzlichen Erhöhung der Sterblichkeit zu rechnen. Es seien dies die Säuglinge und die über 65jährigen und die »Zahl der an sich Lebensschwachen, der Gebrechlichen und Kranken in den übrigen Altersschichten« (S. 9).

* Übersicht über die Bevölkerungsverhältnisse im Generalgouvernement, in: Volkspolitischer Informationsdienst der Regierung des Generalgouvernements, Innere Verwaltung Bevölkerungswesen und Fürsorge, Hrsg. Fritz Arlt, Krakau 1940. (Die auf den folgenden Seiten angegebenen Seitenzahlen beziehen sich auf diese Veröffentlichung.)

Die Tötung der polnischen Anstaltsinsassen war zu diesem Zeitpunkt bereits im Gange, der Hungertod nicht arbeitsfähiger Teile der Bevölkerung durch den Entzug von Eiweiß bei der Lebensmittelzuteilung vorgesehen, Absterbeasyle für Alte und Tuberkulosekranke (»Rentendörfer«) bereits in Planung.
Die größte und gleichzeitig am meisten isolierte sozialpolitische Manövriermasse Polens aber war in den Augen Arlts die starke jüdische Minderheit: »Sollte der große Plan, den Juden nach einer Neuordnung Europas einen einmal außerhalb Europas liegenden Teilraum anzuweisen, Wirklichkeit werden, so würde der Lebensraum des Generalgouvernements um rund 1500000 Juden entlastet werden« (S. 20f.). Die Bevölkerungsdichte würde dann auf rund 110 Menschen pro Quadratkilometer sinken, eine Zahl, die »unter Beibehaltung der Möglichkeit der Saisonwanderung in den deutschen Arbeitsraum« eine »erfolgreiche, konstruktive Lösung« erwarten lasse:
Zunächst würde eine große Zahl von Arbeitsmöglichkeiten für die nichtansässige jüdische Bevölkerung gegeben sein, d. h. eine wesentliche Entlastung würde die Schicht der nicht- oder unterbeschäftigten polnischen Bevölkerung erfahren. (...) Ein Teil dieser Menschen könnte dann auf dem Wege einer soziologischen Umschichtung die Stelle in Industrie, Handel und Handwerk einnehmen, die bislang von den Juden eingenommen wurden. Das würde ein wesentlicher Beitrag zur sozialen Gesundung des polnischen Landproletariats sein. Zugleich würde durch Entlastung der Überzahl an landwirtschaftlich Beschäftigten eine weitere Möglichkeit, dem Problem der Überbevölkerung konstruktiv zu begegnen, gegeben sein« (S. 21).

Soziologische Umschichtungen, Wohltaten für das Landproletariat, die Lösung sozialer und wirtschaftlicher Fragen standen im Mittelpunkt des Denkens von Fritz Arlt. Die zunächst rechnerisch nahegelegte Beseitigung stigmatisierter Bevölkerungsteile zum Zweck größerer sozialpolitischer Handlungsfreiheit war der Kern. Dieses Herangehen spiegelte auch das Protokoll der Wannsee-Konferenz: »Das Reichsgebiet einschließlich Protektorat Böhmen und Mähren wird, allein schon aus Gründen der Wohnungsfrage und sonstigen sozialpolitischen Notwendigkeiten (bei der praktischen Durchführung der Endlösung) vorweggenommen werden müssen.« Im Zeugnis Arlts hieß es am 1. September 1940:

»Als einer der besten Kenner der Ostprobleme ging er mit Tatkraft und von Idealismus getragenem Schwung an die ihm gestellten Aufgaben heran. Er widmete sich mit großem Erfolg den Fragen der Behandlung der im Generalgouvernement ansässigen verschiedenartigen Bevölkerungsteile, deren Verhältnis untereinander und zu den deutschen Dienststellen wesentlich durch ihn beeinflußt wurde. (...) Aus der Tätigkeit seines umfassenden Geschäftsbereichs sei ferner die Einrichtung einer zentralen Umsiedlungsstelle vermerkt, die von ihm geleitet und nach seinen Grundsätzen geführt, unter den schwierigsten Umständen die Einsiedlung, die Umsiedlung sowie die Aussiedlung von Hunderttausenden von Menschen mitbetreute.«[57]

Zum gleichen Zeitpunkt, zu dem Arlt seine bevölkerungspolitischen Berechnungen und Gedankenspiele veröffentlichte und Hunderttausende »umsiedelte«, schrieb Burgdörfer auf dem Briefpapier des Präsidenten des Bayerischen Statistischen Landesamtes eine Studie »Zur Frage der Umsiedlung der Juden«. Er begutachtete den Madagaskar-Plan. Nach seinen Berechnungen kamen etwa 6,5 Millionen Juden für die Umsiedlung in Frage. Madagaskar hatte – laut Volkszählung von 1936 – 3,8 Millionen Einwohner, eine Bevölkerungsdichte von 6,2 Menschen pro Quadratkilometer.

»Will man die Insel ausschließlich den Juden vorbehalten, so würde sich bei 6,5 Millionen Juden auf der Insel eine Bevölkerungsdichte von immerhin erst 10 je qkm ergeben. Will man die 6,5 Millionen Juden unter Belassung der alteingesessenen Bevölkerung zusätzlich dort unterbringen, so würde sich die durchschnittliche Bevölkerungsdichte auf etwa 16 je qkm erhöhen, d. h. auf dem Stand der Besiedelungsdichte, wie er im Gesamtdurchschnitt für die Erdoberfläche festgestellt ist, und etwas mehr als 1/10 der Bevölkerungsdichte des Deutschen Reiches.«[58]

Diese Zahl, so schloß Burgdörfer beim Nachdenken über Leben (Belassung) oder Sterben (Nichtbelassung) von Millionen Menschen, dürfte sich innerhalb des »natürlichen Fassungsvermögens« der Insel halten. Nach Madagaskar konnten die Juden nicht verbracht werden – das scheiterte an den militärischen Verhältnissen und der fehlenden Schiffstonnage. So wurden die Begriffe »Evakuierung nach dem Osten« und »Umsiedlung« immer mehr gleichbedeutend mit Massentötung durch Arbeit, Hunger und Gas.

Am 1. März 1943 veranstaltete das Statistische Amt des Generalgouvernements dort eine allgemeine Volkszählung. Um Zwangsarbeit und weitere »bevölkerungspolitische Schnitte« planen zu können, war diese Zählung mit einer ausführlichen »Zusatzerhebung« über Alter und Volkstumszugehörigkeit verbunden. Das Ergebnis blieb geheim. Die Endzahlen finden sich aber in einem Brief des *Inspekteurs für Statistik* an den »Persönlichen Stab des Reichsführers SS«. 1936 hatte Polen 34 Millionen Einwohner. Fast genau die Hälfte davon lebte seit 1940 in dem Generalgouvernement genannten Teil – 16 958 382 Menschen. Am 1. 3. 1943 waren es noch 14 741 228.* Korherr: »Der Rückgang beträgt also 2 217 155 Köpfe, die sich in der Hauptsache aus den evakuierten Juden und den zum Arbeitseinsatz ins Reich abgewanderten Polen zusammensetzen dürften.«[59] Soweit die Bilanz der amtlichen deutschen Statistik, Stichtag 1. März 1943.

Kurz vorher, im Januar 1943, hatte Himmler seinem Inspekteur für Statistik mündlich befohlen, einen Bericht über den Stand der »Endlösung der Judenfrage« zu erarbeiten. Korherr gab diesen Bericht, nachdem er 14 Tage lang in Eichmanns Judenreferat die Unterlagen durchgearbeitet hatte, Ende März ab. Er umfaßte 16 Seiten. Anschließend mußte er ihn noch »zur Vorlage an den Führer« auf sechseinhalb Seiten komprimieren. Auch wenn die Zahlen nicht ganz glatt sind (Korherr: »Eine eindeutige Bilanz für einen festen Zeitraum läßt sich trotz allen vergossenen Schweißes nicht erstellen.«[60]), so gaben sie doch »brauchbare Anhaltspunkte«. Himmler war zufrieden – nur: an die Stelle des Wortes »sonderbehandelt« ließ er »durchgeschleust« setzen.

Der Bericht beginnt mit der Feststellung: »In Europa häufen sich bzw. häuften sich die Juden vor allem in den nunmehr von

* Das Generalgouvernement war so groß wie Hessen und Bayern zusammen.

Deutschland besetzten früheren polnisch-russischen und baltischen Gebieten.«

»Die gesamten Evakuierungen ergaben im Reichsgebiet einschl. Ostgebieten und darüber hinaus im deutschen Macht- und Einflußbereich in Europa von Oktober 1939 oder später bis zum 31. 12. 1942 folgende Zahlen:

1. Evakuierung von Juden aus Baden und der Pfalz nach Frankreich . . . . 6504 Juden
2. Evakuierung von Juden aus dem Reichsgebiet einschl. Protektorat und Bezirk Bialystok nach *Osten* 170 542 Juden
3. Evakuierung von Juden aus dem Reichsgebiet und dem Protektorat *nach Theresienstadt* . . . . 87 193 Juden
4. Transportierung von Juden aus dem Ostpreußischen nach dem russischen Osten . . . . 1 449 692 Juden

Es wurden durchgeschleust durch die Lager
im Generalgouvernement . . . . . 1 274166 Juden
durch die Lager im Warthegau . . . 145 301 Juden

5. Evakuierung von Juden aus anderen Ländern, nämlich:
Frankreich (soweit vor dem 10.11.1942 besetzt) 41 911 Juden
Niederlande . . . . 38 571 Juden
Belgien . . . . 16 886 Juden
Norwegen. . . . . 532 Juden
Slowakei . . . . 56 691 Juden
Kroatien. . . . . 4927 Juden

EVAKUIERUNGEN insgesamt einschl.
Sonderbehandlung . . . . 1 873 519 Juden

---

ohne Theresienstadt . . . . 1 786 356 Juden

6. Dazu kommt noch nach den Angaben des Reichssicherheitshauptmannes die Evakuierung von . . . 633 500 Juden in den russischen Gebieten einschl. der früheren baltischen Länder seit Beginn des Ostfeldzuges.

In den obigen Zahlen sind nicht enthalten die Insassen der Ghettos und der Konzentrationslager.«[61] Stichtag 31.12.1942.

»Die Juden der Niederlande wurden mit einer Gründlichkeit vernichtet, die der schonungslosen Systematik gleichkam, mit der man bereits die Reichsjuden ausgemerzt hatte.«[62] Als Gründe für diese Feststellung führt Raul Hilberg die geographischen Gegebenheiten Hollands an, die Personen des »Reichskommissars« Seyß-Inquart, des Wirtschaftsbeauftragten Fischböck und des Sicherheitsbeauftragten Rauter. Alle drei waren Österreicher, laut Goebbels durch ihre »Habsburger Schule« besonders befähigt »beim Umgang mit unterworfenen Völkern«. Hilberg streift dann die extensive Praxis der Erfassung, aber er versteht sie nicht. Warum wurden denn die jüdischen Angestellten der niederländischen öffentlichen Verwaltung von der Deportation ausgenommen? Und welche Bedeutung für die Deportation hatten die perfekt geführten Einwohnerregister und die von dem Niederländer Lentz entworfenen Persoonsbewijzen?

Statistik und rationelle behördliche Organisation waren gerade den bürgerlichen Opfern der Judenverfolgung vertraut. Von den aufgeklärten mitteleuropäischen Juden ist die jüdische Statistik seit dem 19. Jahrhundert in eigenen Vereinen gepflegt worden; sie war hoch entwickelt, und es gab viele Arten karteilicher Selbsterfassung. Die erste Sonderauszählung der Juden des Deutschen Reiches ist 1925 auf Wunsch und mit dem Geld der Akademie der Wissenschaft des Judentums vom Statistischen Reichsamt ausgeführt worden.[63] Das Aufspalten nach Herkunft, sozialer Stellung, Mischehe, nach polnischen und nichtpolnischen Juden war auch den jüdischen Statistischen Vereinen nur zu geläufig.

Gerade die Totalität, die lückenlose Sorgfalt, die noch der willkürlichen Zwangsmaßnahme einen Schein höherer Gerechtigkeit verleiht, hat den Opfern und später den Geschichtsschreibern die Sprache verschlagen. Vielleicht hätte nicht so sehr die gelegentlich fragend vermißte Gegengewalt, sondern ziviler Ungehorsam, Wanderschaft, ungeordnete Verhältnisse die Erfassungsnetze reißen lassen.

Wenige Stunden vor der Hinrichtung fragte der israelische Gefängnisdirektor Ofer seinen Delinquenten Eichmann »als einen Experten«:

> »Was hätten die Juden tun sollen? Wie hätten sie sich nach Ihrer Meinung wehren können?
>
> Eichmann: Verschwinden, verschwinden. Unsere empfindlichste Stelle war, daß sie verschwinden, ehe sie erfaßt und kon-

zentriert waren. Unsere Kommandos waren zahlenmäßig so schwach, und selbst, wenn uns die Polizei des jeweiligen Landes mit allen Kräften half, hatten sie eine Chance von wenigstens fünfzig zu fünfzig. Massenhaftes Flüchten wäre für uns eine Katastrophe gewesen.«[64]

Der Wert des Menschen

»Der einzige Wert des Menschen, welcher unmittelbar Gegenstand der Statistik sein kann, ist sein Wirtschaftswert. In der Geldwirtschaft ist dies der Geldwert der menschlichen Arbeitskraft.« Soweit Friedrich Zahn 1934 in seinem Aufsatz »Vom Wirtschaftswert des Menschen als Gegenstand der Statistik«.[1] Nach Zahns Aufsätzchen ist die Statistik deshalb »mit der nationalsozialistischen Idee wesensverwandt«, weil sie »das Endziel der statistischen Aufgliederung des Ganzen« verfolgt und in »organisch-gliedhafter Denkfolge das Ganze vor den Teilen sehen muß«. »Bei dieser Sachlage fällt es der Statistik verhältnismäßig leicht, sich in den Dienst des völkischen Lebensganzen einzuordnen«, das so lange Wert auf den einzelnen legt, als er »in der Gefahrengemeinschaft gebunden« ist. Der Wert des Menschen errechnet sich für Zahn nach den Grundsätzen der Versicherungswirtschaft: »unter Berücksichtigung von Alter, Gesundheit, Berufsjahren, noch zu erwartendem Lebenseinkommen«, und gliedert sich in den »Kostenwert« (Aufzuchts- und Ausbildungskosten) einerseits und den »Ertragswert« (das gesamte Lebenseinkommen) andererseits. Zieht man die Kosten vom Ertrag ab, ergibt sich der »Nettoertragswert« – in der Gesamtrechnung des großen alten Herrn der deutschen Statistik »das lebende Menschenkapital«, »das organische Volksvermögen«. Freilich, Zahn möchte nicht mißverstanden werden: Die wirtschaftliche Lebensbilanz »eines einzelnen Menschen muß nicht immer und unter allen Umständen« ausgeglichen sein. Anders sieht es schon aus bei Menschen, die zuvor zu mehr oder weniger problematischen Fallgruppen zusammengefaßt worden sind:

> »Die Erfassung der verschiedenen Risiken, welche dem Ertragswert in den einzelnen Berufen und Altersstufen durch Sterblichkeit, Unfall, Krankheit, Invalidität, Arbeitslosigkeit, Nichterreichung des Berufsziels (Gescheiterte!) in verschiedenem

Maße drohen, setzten eine weitgehende Differenzierung der Sterblichkeitsstatistik, der Krankenversicherungsstatistik, der Statistik der Invaliden- und Unfallversicherung, der Arbeitslosenstatistik sowie der Schul- und Prüfungsstatistik nach Alter und Beruf voraus.«

Welcher Art die Differenzierung sein sollte, verstanden die Nazi-Funktionäre nur zu gut. Sie trennten die Produktiven von den Unproduktiven, die Nützlichen von den Unnützen.

»Aufgrund verschiedener Kalkulationen«, hieß es 1935 in einem Mathematiklehrbuch für höhere Schulen, »kostet eine geisteskranke Person den Staat ca. RM 1500 jährlich, ein Schüler in der Hilfsschule RM 300, ein Volksschüler RM 100, ein Schüler in Mittelschulen oder Oberschulen ungefähr RM 250. Stellen Sie den Betrag in graphischen Kurven dar.«[2] Die Reduktion von Menschen zu Punkten einer Kosten- oder Leistungskurve, zum schraffierten Segment eines statistischen Balkens, zum Faktor einer Kosten-Nutzen-Bilanz war zum Bestandteil des Schulunterrichts geworden. Allein vom Dezember 1938 bis Dezember 1939 nahm die Zahl der Fürsorgeempfänger im »Altreich« um 229000 oder 15,8 Prozent ab. Auf 1000 Einwohner kamen 17 Fürsorgeempfänger, im frisch eingegliederten »Sudetengau« waren es *noch* 26, im ehemaligen Österreich ebenfalls. Die Arbeitslosenunterstützung war 1939 faktisch abgeschafft, blieb als nächstes Objekt für Einsparungen die statistische Gruppe der »sonstigen Hilfsbedürftigen« (557700 Menschen).[3] Das waren nicht diejenigen, die zur »gehobenen Fürsorge« (Kleinrentner, Kriegsopfer) zählten, sondern »Asoziale« und diejenigen, die sich selbst nicht helfen konnten und denen auch niemand half, die Insassen von Heil- und Pflegeanstalten.

Wollte man 1939 die Zahl der »sonstigen Hilfsbedürftigen«, die seit 1929 bereits auf das Existenzminimum heruntergespart worden waren, entscheidend mindern, blieb nur der Angriff auf ihr Lebensrecht. Er begann im Herbst unter dem Stichwort »Euthanasie«. Die »nutzlosen Esser«, die, deren Leistungsbilanz dauernd in den roten Zahlen blieb und aufgrund ihres Gesundheitszustandes bleiben mußte, wurden sortiert und vernichtet.

Vorausgegangen war seit dem Herbst 1939 eine Frage-/Meldebogen-Aktion der Medizinalverwaltung im Reichsinnenministerium unter dem Stichwort »Plantwirtschaftliche Erfassung der Heil- und Pflegeanstalten«. Zu melden waren Patienten, die länger als fünf Jahre in Anstalten waren, als Kriminelle verwahrt wurden oder laut Merkblatt an Schizophrenie, Epilepsie, Senilität, Schwachsinn oder »therapierefraktär« an Paralyse litten und »in den Anstaltsbetrieben nicht oder nur mit mechanischen Arbeiten (Zupfen o. ä.) zu beschäftigen sind«. Die Meldebögen waren »nach Möglichkeit mit Schreibmaschine« auszufüllen, für jeden Patienten einzeln und »mit laufenden Nummern zu versehen«, der Kostenträger zu nennen und die Arbeitsleistung des Kranken »genauestens« anzugeben. Die Gesundheitsbehörde Hamburg entwickelte zu diesem Merkblatt noch ein eigenes, auf genaue Beschreibung der Produktivität gerichtetes »Ergänzungsblatt«:

> »›Unter genauer Angabe der Beschäftigung‹ ist die Arbeitsleistung anzugeben, die der Kranke in der Anstalt verrichtet. Bei Kranken, deren Arbeitsleistung als ›gut‹ oder ›sehr gut‹ bezeichnet wird, soll auch ersichtlich sein, warum eine Entlassung nicht in Frage kommt. Sofern Patienten höherer Verpflegungsklassen usw. keine Arbeit verrichten, obwohl sie an und für sich dazu in der Lage wären, ist dies besonders zu vermerken.«

Von 1942/43 an war auf Anordnung des Reichsinnenministeriums »der Wert der Arbeitsleistung (nach Möglichkeit verglichen mit Durchschnittsleistung Gesunder)« anzugeben. Gegen Kriegsende hat das Innenministerium in Kooperation mit den Arbeitsämtern kranke ausländische Zwangsarbeiter in die für die Unproduktiven bestimmten Vernichtungsanstalten »verlegt«. Der Verwaltungseuphemismus hieß »Rückführung geisteskranker Ostarbeiter«. Auf den im Februar 1945 ausgedruckten Fragebögen, anhand derer Überleben und Tod der Zwangsarbeiter entschieden werden sollte, war anzugeben, ob der Kranke voraussichtlich länger als vier Wochen arbeitsunfähig sein werde.[4]

In den Jahren nach 1939 dokumentierte die amtliche Statistik regelmäßig, daß »die, die in der Statistik als ›sonstige Hilfesbedürftige‹ bezeichnet sind, wieder am stärksten abgenommen haben: In den Monaten April, Mai, Juni 1941 waren es z. B. 29200 Menschen«[5]. Das waren einerseits sogenannte Asoziale, denen jede

Form der Unterstützung (auch im Krankheitsfall) entzogen worden war, und auf der anderen Seite waren es die gewaltsam getöteten Anstaltsinsassen – in den fraglichen drei Monaten genau 14 938 Menschen.

Der später beim Bundesinnenministerium beschäftigte Statistiker Edmund Brandt hat 1942 über die erste Phase der »Euthanasie«-Morde eine 39 Seiten umfassende statistische Bilanz gezogen – Titel: »Was ist bisher in den einzelnen Anstalten geleistet bzw. desinfiziert worden?« »Desinfizieren« war die Umschreibung für Töten, sie entsprach Himmlers »durchschleusen«. Die Aufstellung umfaßt die Tötungsleistung der Anstalten Grafeneck, Brandenburg, Bernburg, Hartheim, Pirma und Hadamar. Aufsummiert ergeben sich von Januar 1940 bis August 1941 70 273 Getötete. Während die Mörder sich später vor Gericht mit dem Argument verteidigt haben, sie hätten Leuten, die fast tot – »moribund« – gewesen seien, »den Gnadentod gewährt«, rechnete der Statistiker Brandt 1942 den wirtschaftlichen Erfolg an eingespartem Essen, Wohnraum, Mänteln, Hemden gleich für zehn Jahre hoch – bis 1951 einschließlich. Allein im Hinblick auf die Lebensmittel berechnete Brandt 20 Einzelpositionen, eingesparte Marmelade, Teigwaren, Sago etc. – auf den letzten Seiten seiner statistischen Erfolgskontrolle schlug er sich dann mit dem Problem herum, daß ja nicht alle gleichzeitig umgebracht worden sind, sondern im Verlauf von eineinhalb Jahren, und daß die Getöteten zu Lebzeiten nicht die ihnen zustehende Menge an Nahrung bekommen hatten, sondern bereits erheblich weniger. Umstände, die den »Erfolg der Aktion« um nicht wenige Millionen Reichsmark vergrößerten: Ausgehend vom Tagesbedarf eines Anstaltsinsassen, machte er dann eine Hochrechnung der durch die Tötungsleistung eingesparten Kosten – 885 439 800 Reichsmark bis 1951.[6]

Auszug aus der Statistik von E. Brandt

»Unter der Voraussetzung, daß die Ernährung der Anstaltsinsassen – auch nach Beendigung des Krieges – dieselbe bleiben wird, wie zur Zeit, so würden die Ersparnisse an Lebensmitteln (bei 70 273 Desinfizierten und einer Lebenserwartung von 10 Jahren) folgende sein:

Lebensmittelart:	kg	Ctr.	RM
Kartoffeln	189737160	3794743	14420023,40
Fleisch- u. Wurstwaren	13492440	269849	36429588,00
Brot	59029320	1180586	20857026,40
Mehl	12649200	852984	5439156,00
Butter	4216440	84328	15179184,00
Butterschmalz	421680	8434	1771056,00
Margarine	3794760	75895	7437729,60
Speck	531240	10625	1147478,40
Quark	1054080	21082	843264,00
Käse	1054080	21082	1054080,00
Nährmittel	1686600	33732	843300,00
Teigwaren	1475760	29515	1475760,00
Sago usw.	421680	8434	210840,00
Kaffee-Ersatz	3373080	67462	3238156,80
Marmelade	5902920	118058	7083504,00
Zucker	7589520	151790	5919825,60
Eier	33731040 Stück	–	3710414,40
Gemüse	88544040	1770881	13281606,00
Hülsenfrüchte	4216440	84329	1138438,80
Salz und Gewürzersatz	1054080	21082	295142,40
Summe	400244520	8004891	141775573,80«

Die Berechnung des Nettoertragswerts eines Menschen im Stile Friedrich Zahns führte dazu, daß Töten – statistisch gesehen – zur Leistung wurde, denn der lebendige Mensch, der eine negative Leistungsbilanz aufwies, verursachte tote Kosten.

Siegfried Koller

Als Pastor Paul Gerhard Braune in seiner »Denkschrift für Adolf Hitler« vom Juli 1940 den wahren Zweck der »planwirtschaftlichen Erfassung von Insassen der Heil- und Pflegeanstalten« aufdeckte, wies er auf einen Professor Kranz hin, der gerade die Zahl der »auszumerzenden arischen Gemeinschaftsunfähigen« auf eine Million Menschen beziffert habe.[1] Braun wußte nicht, daß der junge Dozent Siegfried Koller diese Zahlen für Heinrich Wilhelm Kranz, den Leiter des Gießener Universitätsinstituts für Erb- und Rassenpflege, hochgerechnet hatte. Zusammen veröffentlichten Kranz und Koller 1941 »einen Beitrag zur wissenschaftlichen und praktischen Lösung des sogenannten ›Asozialenproblems‹« – Titel: »Die Gemeinschaftsunfähigen«.*

Im Schlußkapitel verlangten die Autoren: »Wir verfügen jetzt über die wissenschaftliche Erkenntnis, daß die Gemeinschaftsunfähigen aus minderwertigen erblichen Anlagen heraus handeln und diese Anlagen in mindestens durchschnittlichem, wenn nicht überdurchschnittlichem Maße weitergeben. (...) Dieser Gefahr muß durch die Entziehung der völkischen Ehrenrechte entgegengetreten werden.« Darunter verstanden sie: Unwürdigkeit zur Erziehung von Kindern, Zwangssterilisation, Anstaltsunterbringung zur Zwangsarbeit, Eheverbot und zwangsweise Auflösung bestehender Ehen. Als Rechte, von denen »jedes einzelne eine entsprechende Würdigkeit voraussetzt«, bezeichneten Kranz und Koller auch »die Rechte auf Ehre, auf Leben und auf Arbeit« (Teil II, S. 159).

* H. W. Kranz und S. Koller, »Die Gemeinschaftsunfähigen« (ein Beitrag zur wissenschaftlichen und praktischen Lösung des sog. »Asozialenproblems«); Teil I, II und III; Gießen 1939/1941. (Die in diesem Kapitel in Klammern angegebenen Seitenzahlen beziehen sich auf dieses Buch.)

Am 31. Januar 1978 wurde Professor Dr. phil. Dr. med. Siegfried Koller feierlich im Großen Saal des Mainzer Rathauses emeritiert. – Koller war gerade 70 Jahre alt geworden und blickte auf ein erfolgreiches Statistikerleben zurück. Von 1953 bis 1962 war er im Statistischen Bundesamt Chef der Abteilung für Bevölkerungs- und Kulturstatistik. Die Festrede bei der Emeritierungsfeier hielt sein Schüler Gustav Wagner, Leiter der Dokumentationsabteilung des Heidelberger Krebsforschungszentrums.[2] Den Geburtstagsartikel schrieb sein Schüler Karl Überla, Präsident des Bundesgesundheitsamtes.[3] Über das Wirken ihres Meisters in der NS-Zeit verloren die Gratulanten nur wenige Worte. Sie würdigten seine Tätigkeit beim *Zentralarchiv für Wehrmedizin* der Wehrmacht und erwähnten, Koller sei »schon in den 30er Jahren mit der statistischen Problematik in der Medizin konfrontiert« worden.[4] Koller war die graue Eminenz aller bevölkerungspolitischen und biostatistischen Institutionen der Bundesrepublik.

Ein Rockefeller-Stipendium für Erbstatistik

1930 promovierte Siegfried Koller in Göttingen bei dem Blutgruppengenetiker Bernstein zum Doktor der Philosophie, Thema: Statistische Untersuchungen zur Theorie der Blutgruppen und zu ihrer Anwendung vor Gericht. Koller war 22 Jahre alt und hatte mit dieser Arbeit seine Begabung für Probleme der Wahrscheinlichkeitstheorie unter Beweis gestellt. Die Dissertation wurde ein Jahr später in der angesehenen *Zeitschrift für Rassenphysiologie* veröffentlicht.[5] Koller publizierte in den folgenden Jahren weiter über Fragen der Erbstatistik und versuchte dabei, Ergebnisse der Blutgruppenforschung zu verallgemeinern und die methodischen Verfahren der um sich greifenden Erbbiologie zu kritisieren.[6] Denn im allgemeinen beherrschten die Biologen und Genetiker damals die wahrscheinlichkeitstheoretischen Probleme ihres Fachs schlecht.

In der Zeit der Weltwirtschaftskrise machte die erbbiologische Forschung eine heftige Politisierung durch; sie propagierte politisch-biologische »Erkenntnisse«, die den lohn- und sozialpoliti-

schen Einschnitten der Zeit eine naturwissenschaftliche Basis verschafften; Armut wurde zum Erbfaktor.
Die neue Verbindung von Wissenschaft und Sozialpolitik war keine auf Deutschland oder auf die völkischen Rechte beschränkte sozialpolitische Strategie. Sie hatte beispielsweise in den USA einflußreiche Anhänger, und es ist kein Wunder, daß die deutsche Erbbiologie von 1928 bis 1933 mit Mitteln der Rockefeller-Stiftung ausgebaut worden ist.[7] Selbst medizinische Einrichtungen, die zunächst nichts mit Erbbiologie zu tun hatten, orientierten sich rasch zu den neuen Geldquellen hin. Dazu gehörte das *Kerckhoff-Institut für Herz- und Kreislaufforschung* in Bad Nauheim. 1931 bekam der arbeitslose Koller ein Rockefeller-Stipendium, um die statistische Abteilung dieses Instituts aufzubauen. Inhaltlich hatte er zweierlei zu bewerkstelligen: erstens die Erarbeitung einer Statistik der Kreislaufkrankheiten einschließlich ihrer bevölkerungsbiologischen Aspekte,[8] und zweitens für die allgemeine Erbbiologie eine Systematisierung der als besonders unentwickelt geltenden erbstatistischen Methodik bei Menschen.
Neben den speziellen kreislaufstatistischen Studien fand er noch ausreichend Zeit, sich als Theoretiker einer allgemeinen Erbstatistik hervorzutun. Am 1. Mai 1933 trat Koller in die NSDAP ein,[9] und im gleichen Jahr versuchte er in mehreren Veröffentlichungen – zunächst anhand von Tierversuchen –, aus bestimmten Erbgangsmerkmalen unter Berücksichtigung von Vorfahren und Nachkommen die Erbformel von Individuen zu entschlüsseln.[10]
1934 verband Koller seine Karriere mit der von Professor Heinrich Wilhelm Kranz. Er setzte sich mit Erfolg dafür ein, daß das international renommierte Kerckhoff-Institut einen Teil seiner Forschungsgelder an Kranz' *Universitätsinstitut für Erb- und Rassenpflege* nach Gießen abzweigte; dort wurden durch die Gabe von Suchtgiften Keimschäden an Ratten provoziert und so einer Erweiterung der gesetzlichen Sterilisierungsindikation für Rauschmittelabhängige der wissenschaftliche Boden bereitet. Im gleichen Jahr begann Koller, unter den Fittichen von Kranz, nebenberuflich Medizin zu studieren. Er beendete das Studium 1938 mit der Promotion zum Dr. med. Im Gegensatz zu Koller war

Kranz ein alter Haudegen der NS-Bewegung, ein Mann der thüringischen Freikorps, der im Kapp-Lüttwitz-Putsch mitgemacht, den NS-Ärztebund in Hessen organisiert und es allein deswegen zum Professor gebracht hatte, weil er von seiner Partei versorgt werden mußte.[11] Kranz brauchte die Intelligenz Kollers, der bis 1941 gleichzeitig Abteilungsleiter im Kerckhoff-Institut blieb, und Koller brauchte den Einfluß Kranz'.

Im Dezember 1934 richtete Koller im Nauheimer Institut einen groß angekündigten »rassenhygienischen Fortbildungskurs« aus. Neben so alten Vorkämpfern dieses Gebietes wie Boehme, Kranz, Tirala und von Verschuer hielt auch der gerade 26jährige ein Referat, in dem er für eine Verschärfung des »Gesetzes zur Verhütung erbkranken Nachwuchses« (vom 14. Juli 1933) focht. Die gesetzliche zwangsweise Sterilisierung der als Schizophrene, Manisch-Depressive, Epileptiker, Schwachsinnige oder Alkoholiker Diagnostizierten reichte ihm aufgrund seiner eigenen erbstatistischen Hypothesenbildung nicht aus: »Der Erfolg der Sterilisation hängt – außer vom Erbgang – wesentlich von der Krankheitshäufigkeit ab. Die häufigsten, für die Volksgesundheit wichtigsten Krankheiten werden am schnellsten zurückgedrängt werden, die seltenen langsamer.«[12] Greife man weiterhin nur die sichtbar Erbkranken an und lasse man die gesunden Krankheitsüberträger, die ja bei einigen Mendelschen Erbgängen die entscheidende Rolle spielten, in Ruhe, dann zahle sich der reinigende Effekt des Sterilisationsgesetzes selbst nach einer langen Generationenkette nur dürftig aus. Deshalb, so Koller, müsse »zur Verstärkung des Erfolges (...) die Sterilisierung der Erbkranken durch Maßnahmen gegen die Erbbelasteten ergänzt werden«. Dieser Vorschlag war selbst unter den damaligen Verhältnissen gewagt, denn der Erbgang der als Erbkrankheiten mehr oder weniger willkürlich festgeschriebenen Leiden war auch Koller unbekannt: »Die belasteten Gesunden (...) sind zum Teil mit gewisser Wahrscheinlichkeit aus dem Auftreten bei nahen Verwandten zu erkennen; dabei ist unvermeidlich, daß auch Erbgesunde zufällig mitbetroffen werden.«

Koller setzte in seinen Überlegungen hypothetisch voraus, daß die Bevölkerung gleichmäßig mit bestimmten Krankheitsgenen durchseucht sei, und zwar zu 1,0 zu 0,1 oder 0,01 Prozent. Dann rechnete er für jede Häufigkeitsannahme gesondert durch, wie diese Krankheitsgene entsprechend der von ihm angenommenen Erbgänge weitervererbt würden, und zwar in der Abfolge von zehn Generationen. Zu guter Letzt berechnete er, wieweit bei einer angenommenen Zwangssterilisation von 80 Prozent aller vorkommenden Erbkranken einer Generation die Erbkrankheiten je nach Vererbungsmodus »ausgemerzt« sein würden. Es ergab sich vor allem bei den nicht dominant vererbten Leiden und den seltenen Erbkrankheiten ein höchst bescheidener »Entseuchungserfolg«. Der ließ sich nur verbessern, wenn zusätzlich zu den manifest Erkrankten die gesunden möglichen Überträger von Krankheitsgenen von der Fortpflanzung ausgeschlossen wurden, wenn z. B. die Eltern von behinderten Neugeborenen, die bis zur Geburt des Kindes als erbgesund gegolten hatten, einbezogen wurden. Aus der inneren Logik heraus wurde Kollers System zum Motor einer ständigen Ausweitung der Sterilisationsverbrechen.[13] Was 1935 in abstrakten Rechenschemata auf dem Papier festgehalten wurde, wurde in den folgenden Jahren zum Teil Wirklichkeit: Das »Ehegesundheitsgesetz« vom 18. Oktober 1935 verbot die Eheschließung für Erbbelastete. Neben der Zwangssterilisation wurde die eugenisch indizierte Zwangsabtreibung gesetzlich erlaubt. Nach Koller ließ der »Belastungsgrad eine einheitliche Abgrenzung der Erbbelastung zu«: »Setzt man diese Grenze auf 25 Prozent, d. h. ein Viertel der Belastung durch einen erbkranken Elternteil, so sind solche Personen als erbbelastet zu bezeichnen, bei denen mindestens ein Elternteil oder ein Geschwister oder zwei der Großeltern, Onkel, Tanten (Ausnahme: zwei Geschwister eines Elternteils) erbkrank sind.«[14] Damit definierte Koller die Grenze erblicher »Belastung« wesentlich schärfer als das Reichsinnenministerium in seinen »Richtlinien zur Beurteilung von Ehestandsdarlehensbewerbern«.[15] Diejenigen, die nach der Kollerschen Wahrscheinlichkeitsrechnung 25 Prozent und mehr Krankheitsgene mit sich herumtrugen, sollten der Selektion verfallen.

Insgesamt bekam der erbbiologische Irrsinn so Methode[16] und vertuschte die wissenschaftliche Haltlosigkeit der Erbbiologie durch die Schein-Genauigkeit breitest angelegter Erhebungen.

Koller machte schnell Schule. Überall war er dabei, wo an der Effektivierung des erbbiologischen Selektionssystems gefeilt wurde, auch in den einschlägigen Handbüchern.[17] 1937 führte er auf einer Tagung der *Deutschen Gesellschaft für Vererbungswissenschaft* sein Modell der Korrektur der bisherigen »empirischen« durch die »theoretische Erbprognose« vor.[18]

Erbbiologie – von der Einzelerfassung zur Bestandsaufnahme

Seit Ende 1933 wurde in der Gesundheitsabteilung des Reichsinnenministeriums beratschlagt, wie die erbbiologische Erfassungswut, die sich als wildwüchsige Akademikerbewegung in- und außerhalb der Behörden und Anstalten ausgebreitet hatte,[19] behördlich einzufangen sei. Das erste Ergebnis war das »Gesetz über die Vereinheitlichung des Gesundheitswesens« (vom 3. Juli 1934), das reichseinheitliche *Gesundheitsämter* vorschrieb.[20] Sein Kernstück waren »Beratungsstellen für Erb- und Rassenpflege«, die freilich mehr melden und verkarten als beraten sollten. Das Gesetz regelte bis ins Detail die Prozeduren, mittels derer die Verdächtigen denunziert, begutachtet und den Erbgesundheitsgerichten zur ärztlich-richterlichen Sterilisationsentscheidung präsentiert werden sollten. Die allerorten ins Kraut geschossenen Karteien, Erhebungs- und Sippenbögen gingen in die reichseinheitlichen Registraturen der Gesundheitsämter ein. Die Karteikarten, Sippentafeln und Untersuchungsbögen hatten jetzt überall das gleiche Format; selbst für den Denunziationsakt gab es ein Formblatt.

Die Sterilisationsziffern erreichten seit 1934 eine jährliche Quote von durchschnittlich 65 000 zwangssterilisierten Frauen und Männern.[21] Sobald der Apparat funktionierte, die erste Welle behördlich gelenkter Massenverstümmelungen abgeebbt war und in den Fürsorge- und Gesundheitsämtern die Klientel ausblieb, suchten die Erfassungsbürokraten nach neuen Fallen: Als eine der ersten Maßnahmen koppelten sie das Ehestandsdarlehen für junge Ehepaare und auch die Gewährung von Kindergeld mit der erbbiologischen Erfassung.[22] Friedrich Zahn war es, der das neue Ziel vorformuliert:

»Die Bevölkerungspolitik muß daher nach den Grundsätzen der Rassenhygiene auf Förderung der wertvollen Erbwerte, auf Verhinderung der Fortpflanzung minderwertigen Lebens, der erbgesundheitlichen Entartung, bedacht sein, m. a. W. eine Hochwertigenauslese einerseits, eine Ausmerze erbbiologisch unerwünschter Volksteile andererseits zielbewußt betreiben. Zur Durchführung dieser Aufgabe ist eine volksbiologische Diagnose unerläßlich.«

Zahn würdigte dann sämtliche Erhebungsansätze, verwies auf die Notwendigkeit, alle, nicht nur die Auffälligen, zu erfassen, und schloß:

»Sobald die Erhebungsarbeiten genügend vorgeschritten sind und eine laufende Beobachtung der erfaßten Personen einsetzen kann, wird die Mitwirkung und Einschaltung der statistischen Zentralstellen bei Aufbereitung des erbbiologischen Materials und Mitverwertung der sonstigen bevölkerungsstatistischen Nachweise zu klären und zu regeln sein. Mit der Durchführung der Gesamtkartei der Bevölkerung wird eine volksbiologische Diagnose erreicht, die als Theorie von heute die Praxis von morgen ergibt und vielseitigen Zwecken der Praxis und der Wissenschaft dienstbar gemacht werden kann. Das nunmehr klare Bild vom Umfang der Erbbelastung, vom Gesundheitszustand der Bevölkerung, von der Gesundheitsbilanz gibt der Wissenschaft neuen Forschungsauftrieb zur Förderung der guten, zur Verhinderung der schlechten Erbmasse, zur erbbiologischen Gesundung des Körpers.«[23]

Eine weitere große Erfassungswelle ging von den Heil- und Pflegeanstalten aus. Ende 1934 taten sich die Anstaltsdezernenten zusammen, um es den neu eingerichteten Gesundheitsämtern gleichzutun: »Landeszentralen zur erbbiologischen Bestandsaufnahme in den Heil- und Pflegeanstalten« wurden gegründet, alte Vorkämpfer der erbbiologischen Selektion aus den Reihen der Psychiater zu Beauftragten ernannt und eine Koordinierungszentrale beim *Deutschen Gemeindetag* etabliert. Es war beabsichtigt, noch systematischer als die Gesundheitsämter die Erfassung der als erbkrank angesehenen Anstaltsinsassen auf deren Familien (von den Nationalsozialisten »Sippe« genannt) auszudehnen: Karteikarten und Sippentafeln wurden gedruckt, Sippschaftsbogen und Trogpulte für die umfangreichen Kataster angeschafft. Das Vorgehen beim Aussortieren war minutiös festgelegt.[24] Auch hier bewährte sich die bürokratische Genauigkeit. Am 30. Juni 1937 konnte beispielsweise der Landesbeauftragte für Brandenburg, Heinze, an die Zentrale berichten, von den 12915 Insassen der brandenburgischen Anstalten seien 10410 als erbkrank diagnostiziert, 2726 rechtskräftig zur Zwangssterilisation verurteilt und davon schon 2531 dem operierenden Chirurgen bzw. Gynäkologen zugeführt.[25] Heinze machte später wie auch der Psychiater Pohlisch, der im Rheinland eine halbe Million Menschen verkartete, als Schnellgutachter der »Euthanasie«-Aktionen von sich reden.[26] Die Erfassung der »erbkranken« Anstaltspfleglinge war das Vorspiel für die späteren Krankenmorde, ähnlich wie Eichmann vom Organisator der Judenkartei zum Organisator des Massenmordes aufstieg, war es auch mit den Psychiatern. Die Biographien der Täter und Opfer kreuzten sich das erste Mal bei der Erfassung und das zweite Mal bei der Deportation in den Tod.

Die Gesamtbeobachtung des Lebens

Die Statistiker zielten nicht nur auf Gruppen besonders Bedrohter ab, es kristallisierten sich immer deutlicher Ansätze heraus zur genauen Erfassung der Gesamtbevölkerung oder doch breiter Teile. Die Hamburger Gesundheitsbehörde hatte diese Entwicklung beispielhaft vorweggenommen und 1934, ausgehend von der Erbbestandsaufnahme, eine bemerkswerte Zusatzkartei aufgebaut, um die nach der Meinung der Hamburger Experten zu eng gefaßte Orientierung einer rein erbbiologischen Erfassung zu durchbrechen und zu einer gesundheitspolitischen Leistungsdiagnose der gesamten lohnabhängigen Bevölkerung zu kommen: »Die Beurteilung der Leistung geschieht durch eine Leistungsprüfung, und sie wird ausgesprochen als Antwort auf die Frage der Tauglichkeit in einer Leistungsvorhersage (Leistungsprognose).«[27] Die Prognose bezog sich »auf die körperlichen, geistigen und charakterlichen Eigenschaften einerseits, auf die Schäden, Leiden und Krankheiten andererseits«. Die Hamburger Erfasser entwickelten ein umfangreiches standardisiertes Untersuchungsformular; nach jeder Untersuchung füllte der Arzt dieses Formular ohne Wissen des »Probanden« aus und schickte es an die Gesundheitsbehörde. Unter dem Motto »gesundheitliche Gesamtbeobachtung des Lebens« wurden die Ergebnisse auf Karteikarten übertragen, nach Geburtsdaten geordnet und schon 1934 in dem *Zentralen Gesundheitspaßarchiv (GPA)* zusammengefaßt.

> »Ein derartiges *Gesundheitspaßarchiv* stellt eine Übersicht dar für alle im Bezirk vorhandenen gesundheitlich interessierenden Akten und Untersuchungsergebnisse. Der Kreis der hierfür in Betracht kommenden Unterlagen darf nicht eng gezogen werden. (...) Es gehören daher die Ergebnisse der verschiedenen Stellen, die alle zur Mitarbeit herangezogen werden müssen, in diese Sammlung: Gesundheitsfürsorgeeinrichtungen der verschiedensten Arten, wirtschaftliche Fürsorge, Jugend- und Erziehungsfürsorge, Ergebnisse der Gerichte, besondere Vormundschaftssachen, Unfruchtbarmachungen, Verurteilungen in Strafprozessen, und zwar lückenlos, soweit es sich um Rauschgiftsachen, Gewohnheitsverbrecher oder überhaupt um solche Urteile handelt, in denen eingehendere Persönlichkeitswertungen vorkommen, vertrauensärztliche und vertragsärztliche Ergebnisse der Träger der Kranken-, Renten- und Unfallversicherungen, Beobachtungen der Hitlerjugend, aus Sportvereinen, des Arbeitsdienstes, des Wehrdienstes, ärztliche Atteste für Beamteneinstellungen, Ehetauglichkeit, Examina, Untersuchungen der Parteiorganisationen und ihrer gesundheitsfürsorgerischen Arbeit (...) Krankengeschichten der Krankenhäuser, Irrenanstalten usw. Alle diese Stellen können und sollen Auskunft erhalten, wenn sie umgekehrt durch ihre Ergebnisse zur Sammlung beitragen.«[28]

Mitte 1935 waren nach nur achtmonatiger Tätigkeit schon 200 000 Hamburger Lohnabhängige und Subproletarier im Gesundheitspaßarchiv erfaßt. 1938 gliederte sich der Stau noch unbearbeiteter Gesundheits- und Sozialakten wie folgt:

3000	Homosexuellenakten, die seit 1935 von der Kriminalpolizei an das Gesundheitspaßarchiv abgegeben worden waren,
20 000	Akten der Tuberkulosefürsorge,

20000	Krüppelakten,
40000	Fürsorgeakten der Sozialverwaltung,
250000	erfaßte Verbrecher bei der Kriminalbiologischen Sammelstelle,
400000	Vertrauensärztliche Gutachten der AOK.[29]

Erst am 18. Juli 1940, als viele der erfaßten Erbkranken tot oder todgeweiht waren, versuchte das Reichsinnenministerium mit »Richtlinien für die Beurteilung der Erbgesundheit« die Reichsbevölkerung in ihrer Gesamtheit nach dem Hamburger Vorbild gesundheitlich und sozial zu registrieren und in vier Kategorien einzuteilen: 1. asoziale Personen, 2. tragbare Personen, 3. die Gruppe der Durchschnittsbevölkerung, 4. erbbiologisch besonders hochwertige Personen.

Für die Eingeteilten hatte das sehr spürbare Konsequenzen: »Asoziale sind vom Bezug jeder Zuwendung ausgeschlossen«; den »noch als tragbar anzusehenden Familien (...) wird man z. B. laufende Kinderbeihilfen nicht entziehen können, fördernde Maßnahmen sind ihnen allerdings nicht zuzuwenden«; erst den »Durchschnittlichen« sind »alle ehrenden und fördernden Maßnahmen wie Ehestandsdarlehen, Ausbildungsbeihilfen, Ehrenkreuz der Deutschen Mutter zuzubilligen«; die »Hochstehenden« seien nur dann besonders zu bevorzugen, »wenn aus einer großen Zahl von Bewerbern nur wenige ausgewählt werden sollen«.[30]

Mit dieser ungeheuren Expansion der sozialbiologischen Kataster vermochte die sich wissenschaftlich gebende Systematik nicht Schritt zu halten. Das wissenschaftliche Fundament der Erbbiologie galt selbst unter eingefleischten NS-Experten als äußerst schwach. Keine einzige Prämisse war nach immanenten Kriterien gesichert. Aufgrund der Schwierigkeit, die Erblichkeit in jedem Einzelfall nachzuweisen, begannen die Wissenschaftler, die Untersuchungen immer breiter anzulegen und sie auf Tausende und später Millionen von »Auffälligen« auszudehnen.

> »Es ist einer der grundlegenden Unterschiede zwischen den biologischen und den sog. exakten Naturwissenschaften, daß die Ausgangsbedingungen eines biologischen Vorgangs niemals vollständig beobachtet oder gar beeinflußt werden können. Deshalb ist in der Biologie kein Versuch und keine Beobachtung exakt reproduzierbar. Jede Wiederholung steht unter

etwas anderen Ausgangsbedingungen und führt zu etwas anderen Ergebnissen. Die Variabilität ist kennzeichnend für alles Biologische, und damit wird die Statistik das adäquate Verfahren zur Darstellung der Beobachtungen.«[31]

So formulierte Koller das Problem. Er produzierte Wahrscheinlichkeitstheorie, um die Abgrenzung von erbkrank, erbbelastet und erbgesund so genau (und gleichzeitig so beliebig wie möglich) festzulegen, um die anstehenden sozialen Konflikte von vornherein methodisch exakt zu individualisieren. Sein Theoriegebäude war so offen formuliert, daß die erbbiologischen Kategorien leicht durch soziologische ausgewechselt werden konnten.

Vernichtung der »Gemeinschaftsunfähigen«

Fünf Jahre nach dem Inkrafttreten des »Gesetzes zur Verhütung erbkranken Nachwuchses« war das Geschäft der Zwangssterilisierung der als erbkrank Bezeichneten weitgehend besorgt. Etwa 300 000 Menschen waren unfruchtbar gemacht, Zigtausende Ehen verhindert oder aufgelöst, Tausende Föten zwangsweise abgetrieben worden. Die Lohnabhängigen nutzten die Vollbeschäftigung des Rüstungsbooms zu informellem Widerstand. Doch gegen Krankfeiern, Arbeitsplatzwechsel und herumvagabundierende Jugendliche war die erbbiologische Waffe merklich stumpf. Die medizinische und kriminalbiologische Selektion und Tötung bewirkten in dieser Hinsicht nicht viel, denn es war einfach unmöglich, die Teilnehmer von Kurzstreiks summarisch als erbkrank einzustufen. 1938/39 orientierten sich die Erfassungsspezialisten neu. Die medizinisch-diagnostischen Hüllen begannen zu fallen:

> »Wenn wir zu einer biologischen Lösung des Asozialenproblems kommen wollen, so erweist es sich hiernach als unumgänglich notwendig, die Gemeinschaftsunfähigen aus asozialer Familie als die biologisch unheilvollste und für den Volkskörper gefährlichste Gruppe scharf abzugrenzen von den übrigen Gruppen, insbesondere auch von den Gemeinschaftsunfähigen aus sozialer Familie.« (Kranz/Koller II, S. 113)
>
> »Damit kann die ganze Frage ihres bisherigen äußeren Scheins

als Maßnahme gegen Kranke entkleidet werden, was vom kriminalpolitischen Standpunkt aus zweifellos richtig ist. Es wäre untragbar, z. B. gerade die gefährlichste Gruppe der Anlageverbrecher durch Einbeziehung in das Erbkrankengesetz zu Kranken zu stempeln, denen unser Mitleid und unsere Pflege sicher ist.« (II, S. 146)

Kranz hatte schon seit einiger Zeit neben den »Erbkranken« die »Nichtseßhaften« und »Arbeitsscheuen« des Gaus Hessen-Nassau wissenschaftlich bejagt, aber bei der Erfassung der »biologischen Bolschewisten« (I, S. 69) hatte er nur im Stillen gewirkt. In der allgemeinen Aufbruchsstimmung meldete er sich jetzt öffentlich zu Wort, um seinen Beitrag zur »Ausscheidung« der »minderwertigen« Bevölkerungsgruppe zu leisten. 1939 veröffentlichte er den ersten Teil des Buchs über die Bekämpfung der »Gemeinschaftsunfähigen«. Bei der Abfassung des zweiten und dritten Teils, die 1941 veröffentlicht wurden, zeichnete Koller mitverantwortlich: Zugeeignet war das Buch dem Gauleiter und Reichsstatthalter von Hessen, Sprenger. Schon im ersten Teil hatte sich Kranz die Aufgabe gestellt, die bisherigen »Kasuistiken« in der »Asozialen-Erfassung« durch möglichst breites »Sippenmaterial« zu ergänzen und durch eine »Verallgemeinerung« der Untersuchungsergebnisse die wissenschaftlichen Voraussetzungen für »weitgehende, grundsätzliche Maßnahmen« (II, S. 7) zu schaffen. Auf persönliche Untersuchungen hatten die beiden Sozialwissenschaftler verzichtet und diese »Methodik« (II, S. 59) ausdrücklich gerechtfertigt: Die Ära der medizinischen Krankheitserfassung sei vorüber. Es komme gerade darauf an, sich von speziellen Erfassungs- und Meßverfahren freizumachen und die ja ohnehin in den Akten der Fürsorge-, Polizei-, Gesundheits-, Justiz- und Personenstandsbehörden niedergelegten erbbiologischen Teilbefunde auf einer verallgemeinerbaren Ebene zusammenzufassen. Hier wechselte Koller von der medizinisch verbrämten »Ausmerze« der ersten NS-Phase zur Soziologie, zur »sozialen Diagnostik« (II, S. 133).

Seine Statistiken fielen nicht so malerisch aus wie beispielsweise die Meß- und Sippentafeln des Zigeunerforschers Ritter. Aber bei Koller enthielten die nüchternen Zahlen statistische Vergleiche von bestimmten normabweichenden Verhaltensweisen mit den wichtigsten Verwandtschaftsbeziehungen innerhalb der »asozialen Sippen«, um Wahrscheinlichkeitsgrößen über »soziale Herkunft«, »Lebensbewährung«, aber auch »Erwartungszahlen« in bezug auf das soziale Verhalten der nachwachsenden Generationen zu erhalten (II, S. 59). Am Ende standen »kollektive Erbprognoseziffern« (II, S. 107) und eine individuelle »soziale Prognose«. Danach hatten »sozial bewährte Eltern« 5 Prozent »gemeinschaftsunfähige« Kinder, ein »sozial bewährter« und ein »unauffälliger Partner« 15 Prozent, Ehen mit einem »gemeinschaftsunfähigen Partner« 25 Prozent und schließlich »doppelt gemeinschaftsunfähige« Paare 66 Prozent »gemeinschaftsunfähiger« Nachkommen (II, S. 93).

Bedeutsamer als diese tödlichen Zahlenspiele im Detail waren Kollers und Kranz' gesamtgesellschaftliche Hochrechnungen. Sie nahmen willkürlich an, daß zwei Prozent der Bevölkerung zu den »Gemeinschaftsunfähigen« gehörten, immerhin 1,6 Millionen Menschen des damaligen großdeutschen Reiches! Von diesen 1,6 Millionen waren nach den Kollerschen Rechnungen allenfalls 10 Prozent (II, S. 139) durch das Sterilisationsgesetz erfaßt worden.

Wie sollten Koller und Kranz den Zweiflern an der Erblichkeit von Persönlichkeitsdefekten beweisen, daß »insbesondere bei den sozialen Dauerversagern gerade die Erbfaktoren eine ursächliche Voraussetzung bilden«? Noch niemand war »bis zu den vererbten Radikalen der Persönlichkeitsstruktur« vorgedrungen. Es gab weder eine erbbiologisch noch eine andere »wissenschaftlich exakte und ausreichende Formulierung des Asozialenbegriffs« (II, S. 10).

Die Genetik mußte sich der sozialen Diagnostik unterordnen. Für sich allein war sie nicht in der Lage, kausale Vererbungsketten für die Aufsplitterung einer ganzen sozialen Schicht zu bilden:

> »Eine tragfähige Grundlage zur Erklärung aller Befunde insgesamt kann nur durch die (...) Annahme gegeben werden, daß es sich bei den Erbfaktoren der Gemeinschaftsunfähigen gewissermaßen um die Beteiligung der gesamten ›Unterwelt der Gene‹ handelt und daß die meist untereinander heiratenden Gemeinschaftsunfähigen im sozial-biologischen Sinne eine echte völkische Unterschicht bilden.« (II, S. 130)

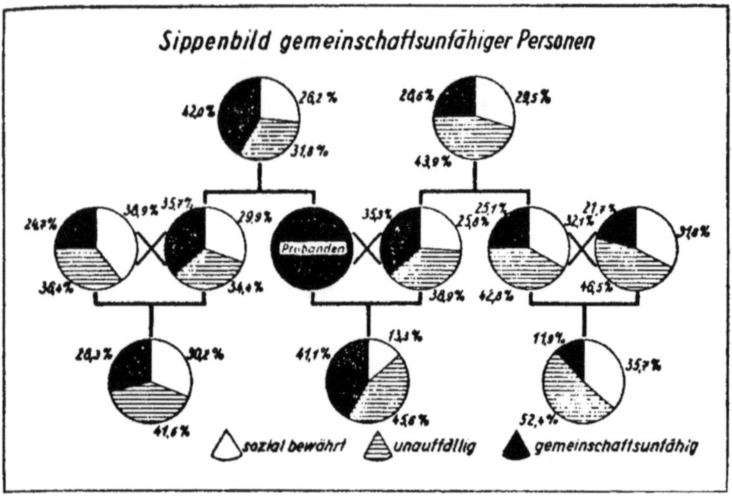

Eine von Siegfried Kollers Wahrscheinlichkeitsrechnungen über die Vererbung von »Asozialität«

Bezogen auf das herrschende Normensystem wurde deshalb festgelegt: »Gemeinschaftsunfähige sind, wer nach seiner Gesamtpersönlichkeit nicht in der Lage ist, den Mindestanforderungen der Volksgemeinschaft an sein persönliches, soziales und völkisches Verhalten zu genügen« (II, S. 16). Dazu gehörten nach der Liste von Koller und Kranz: Landesverräter, Rassenschänder, wegen Abtreibung Straffällige, sexuell Hemmungslose, Süchtige, Trinker und Prostituierte – besonders »heimliche Prostituierte«. Aber: »Die zahlenmäßig größte Gruppe der Gemeinschaftsunfähigen wird durch die Arbeitsscheuen und gewohnheitsmäßigen Schmarotzer gebildet« (II, S. 17).
Es handelte sich laut Koller und Kranz um einen riesigen »Komplex von vielfach ineinander greifenden Erbanlagen«, der sich nicht weiter ausdifferenzieren ließ, denn »immer ist es die Gesamtpersönlichkeit, die versagt, und niemals ausschließlich die eine oder andere Minderwertigkeit« (II, S. 52). Also ließen sich vorerst nur mehr oder weniger kluge Hypothesen formulieren.

Etwa die: die erbliche Grundlage für das asoziale Verhalten bestehe aus einer noch nicht faßbaren Summe von »Kombinationsmöglichkeiten«. Aus ihnen – so die Hypothese – können sich Minusvarianten bilden: »Meist müssen wir für asoziale Charaktere mehrere erbliche Minusvarianten annehmen, auf deren gemeinsamer Basis die späteren sozialen Entgleisungen zustande kommen.« Durch derartige minusvariante Genkombinationen werde der Genbestand des Volkes durchseucht. Aufgabe der Zukunft werde es einmal sein, die ständige Neukombination minderwertiger Genmassen systematisch aufzuspüren und in gezielten Einzelaktionen zu beseitigen. Gegenwärtig genüge es, den ersten Schlag dort zu führen, wo sich besonders bedrohliche Zusammenballungen von Minusvarianten summierten. Koller rechnete weiter: Wenn man die in den »asozialen Großfamilien« konzentrierten »Gemeinschaftsunfähigen« zwangssterilisierte, ihre Ehen auflöste, ihre Kinder in Fürsorgeanstalten steckte, sie selbst in Zwangsarbeitslagern von der übrigen Bevölkerung trennte, dann war »bereits in der nächsten Generation ein sehr starker und fühlbarer Rückgang der ganzen Unterschicht zu erwarten« (II, S. 131).

Über die Erfassungstechnik der 1,6 Millionen »Gemeinschaftsunfähigen« äußerten sich Kranz und Koller nicht weiter, sie scheinen sich ganz auf den in ihrem Gesetzentwurf »über die Aberkennung der völkischen Ehrenrechte« vorgeschlagenen allgemeinen Meldeweg verlassen zu haben. Jedenfalls zeigte laut Kranz/Koller »diese Gruppe biologisch durchaus eine Sonderstellung; es ist daher berechtigt und notwendig, für sie im Rahmen der rassenhygienischen Maßnahmen auch eine Sonderbehandlung zu fordern« (II, S. 113). Was »Sonderbehandlung« bedeuten konnte, war den NS-Fachleuten zu diesem Zeitpunkt längst bekannt.

Was Korherr bei der SS zur Aufteilung und Berechnung fremder Völker war, sollte Koller für das rebellierende deutsche »Untermenschentum« werden. Kurz nachdem Korherr Inspekteur für Statistik beim Reichsführer SS geworden war, kam Koller am 31. März 1941 als Leiter des *Biostatistischen Instituts* der Universität nach Berlin. Es unterstand dem Reichsgesundheitsführer Leonardo Conti. Von diesem Institut aus sollte Koller seine Gießener

»Asozialenplanung« für das Reichsgebiet verallgemeinern und für die Zentralbehörden praktisch umsetzbar machen. Die Wende des Krieges vor Moskau im Winter 1941/42 hat die geplante inner-arische Endlösung der sozialen Fragen weitgehend verhindert und neue Prioritäten gesetzt.[32] Abgesehen von relativ kleinen, besonders geheimgehaltenen Einzelaktionen mußte der heikle Angriff auf das deutsche Subproletariat auf die Zeit nach dem »Endsieg« verschoben werden. Koller war nicht mehr als Visionär von Vernichtungsprogrammen, sondern als Statistik-Wissenschaftler gefragt. Was er zu berechnen und von Fehlerquellen zu bereinigen hatte, wurde ihm aus den Kommandozentralen, die neue Divisionen und innere Ruhe brauchten, vorgegeben. In diesem Zusammenhang machte vor allem eine Wehrmachtseinrichtung von sich reden, die bis dahin nur das Schattendasein eines Experiments mit ungewissem Ausgang geführt hatte: Das Zentralarchiv für Wehrmedizin (ZAW), ansässig im Reichstagsgebäude. Dort »wurden Erhebungen angestellt, ob und wieviel eine Angleichung der Rekonvaleszenzdauer von Kranken der Wehrmacht an die Regelung bei Zivilkranken ausmachen würde«.

> »Diese festgesetzte Erholungszeit differierte um einige Tage, d. h., Wehrmachtsangehörige bekamen z. B. statt der 28 Tage der Zivilbevölkerung 30 Erholungstage. Es wurde kurzfristig festgestellt, daß diese Angleichung, die sehr minimal war, (...) einen Zuwachs von Soldaten aus den Lazaretten in der Kriegsstärke von zwei Divisionen zur Folge hatte. Ergebnis: Durch die von der Sanitätsinspektion herausgegebenen Verfügungen konnten in etwa zwei Monaten tatsächlich Truppen für zwei Divisionsstärken freigemacht und der Front zur Verfügung gestellt werden.«[33]

Damit hatte sich das Zentralarchiv für Wehrmedizin durchgesetzt. Für dessen Leiter, Hans Müller, bedeutete das die Beförderung zum Generalarzt. Und er holte sich neben einigen weniger Bekannten (Hosemann, Mikat u. a.) auch Koller ins Berliner ZAW. Die Dienststelle wurde im weiteren Verlauf des Krieges immer bedeutender.

Siegfried Koller und das Statistische Bundesamt

Von 1945–1952 saß Koller als russischer Gefangener im Zuchthaus Brandenburg.[34] Danach ließ er sich in der Bundesrepublik nieder. Ein so verdienter Mann der Erbstatistik, der mathematischen Isolierung von »Gemeinschaftsunfähigen«, der Bevölkerungspolitik, des Gesundheitswesens und schließlich der technologischen Ausweitung blieb in der jungen Republik nicht lange unbeschäftigt. 1953 wurde Koller Beamter im Statistischen Bundesamt und damit beauftragt, die Abteilung Bevölkerungs- und Kulturstatistik neu aufzubauen. Er war der Mann, der das Erbe von Friedrich Zahn, Friedrich Burgdörfer und Richard Korherr für das Wiesbadener Bundesamt gesichert und weiterentwickelt hat.

Um den sozialpolitischen Gefahren durch verbesserte Erfassung gerecht zu werden, führte Koller den Mikrozensus ein. »Der Mikrozensus hat die Aufgabe der laufenden Berichterstattung über die wesentlichen Merkmale der Bevölkerung (einschließlich der Gesundheitsverhältnisse) und des Erwerbslebens auf repräsentativer Grundlage. In einer geschichteten Zufallsstichprobe sollen in vierteljährlichen Abständen Haushaltungen ausgewählt und durch Interviewer aufgesucht werden; alle Mitglieder der Haushaltungen werden erfaßt.«[35] Die Interviewer wurden für die Bestandsaufnahme der sozialen Konfliktpunkte (u. a. Tabellen über Fehlzeiten, Minderung der Erwerbsfähigkeit, Versicherungsverhältnisse, häufige Wohnungswechsel, Gelegenheits- und Schwarzarbeit) besonders geschult. Diese Verfahrensweise nutzte alle Vorteile der Repräsentativerhebung, »nämlich daß sie im Vergleich zu Volkszählungen schneller und wendiger, billiger, vielleicht sogar in manchen Punkten genauer sein kann. Die besonders geschulten Befrager können dem Einzelfall mehr Sorgfalt widmen als bei einer Volkszählung.«[36]

So wurde seit Oktober 1957 ein Prozent der bundesdeutschen Bevölkerung in vierteljährlichen Abständen erfaßt, und zwar mit Hilfe der inzwischen noch verfeinerten Volkszählungsbogen der NS-Zeit. Von Vierteljahr zu Vierteljahr sind dies 500000 Men-

schen, die (nach einem besonderen Rotationsverfahren) stufenweise ausgewechselt werden.
Selbstverständlich war Koller dabei, als die elektronische Datenverarbeitung in die Statistik Einzug hielt. Die technologische Grenze, an die die Nazis mit ihren Erfassungssystemen gestoßen waren, wurde erst Ende der fünfziger Jahre durch Computer überwunden, die nicht nur rechnen, sondern vor allem speichern konnten. Auf der Jahrestagung 1959 der *Deutschen Statistischen Gesellschaft* brachte der Referent Koller die damit verbundenen neuen Möglichkeiten auf den Punkt:

> »Die Automatisierung muß zu einer Ausweitung der statistischen Aufgabenstellung führen, sonst brächte sie keinen Informationsgewinn. Die Aufgaben können präziser gefaßt werden und enger auf die künftige Verwendung der Zahlen ausgerichtet sein. Grundsätzlich neue Arten von Aufgaben sind bisher nicht zu erkennen, nur eine Verlagerung zugunsten umfangreicher analytischer Aufgaben und zielnäherer Verwendungsarten.«[37]

Kollers Abteilung gedieh, er wurde Leitender Regierungsdirektor, hatte eine Garde beflissener Schüler: Karl Schwarz, Kurt Horstmann und Hermann Schubnell. Ja, Koller war so etwas wie ein berühmter Mann. Gerhard Fürst, der Präsident des Statistischen Bundesamtes, war stolz auf ihn. In der Zeit, als die Adenauer-Regierung sich ins westliche Bündnis eingliederte, fand niemand etwas dabei, daß einer, der als Nazi Hunderttausenden vom Schreibtisch aus das Recht auf Leben abgesprochen hatte, das Statistische Bundesamt auf dem internationalen Parkett offiziell vertrat.
Im Winter 1955/56 wurde Siegfried Koller neben Gerhard Fürst, dem ehemaligen Leiter der Volkswirtschaftlichen Abteilung von IG-Farben, und neben anderen NS-Statistikern in die *deutsche Gruppe des Internationalen Verbands für Bevölkerungswissenschaft* aufgenommen, um sich den bevölkerungspolitischen Problemen der »Entwicklungsländer« zu widmen.[38] Bis 1962 nahm Koller mehrfach an den Internationalen Bevölkerungskonferenzen teil, die die Erfassungsvoraussetzungen für die spätere Kampagne gegen die »Bevölkerungsexplosion der dritten Welt« schufen.[39]

Der Höhepunkt seiner zweiten Statistikerkarriere war die Vorbereitung der Volkszählung 1960/61. Der Statistische Beirat hatte bereits im Dezember 1954 einen *Arbeitskreis zur Vorbereitung der Volkszählung 1960* eingesetzt. Es entstand ein Erhebungsprogramm besonderer Art. An erster Stelle stand die verfeinerte Burgdörfersche Fruchtbarkeitsstatistik: Feststellungen über den Geburtenabstand der Kinder, Ehedauer und die Ordnungszahl der Ehe gehörten zum Zählprogramm, so daß »aus diesen Angaben über eine oder zwei Generationen hinweg die Regenerationsgeschichte der Bevölkerung statistisch faßbar« war.[40]
Diese über das NS-Programm hinausweisende Familienstatistik wurde mit jener verfeinerten Haushaltsstatistik gekoppelt, mit deren Hilfe Koller die neuen lohnabhängigen Zwischenschichten analytisch durchdringen wollte. Auch nach der Staatsangehörigkeit wurde wieder gefragt; das Ausländerzentralregister des ebenfalls in Wiesbaden aufgebauten Bundeskriminalamtes wies noch große Lücken auf,[41] und der gerade beginnende Fremdarbeiterimport stellte ein Konfliktpotential dar, auf das man sich von vornherein durch besonders umfangreiche Erfassungsmaßnahmen einstellen wollte. Nicht weniger ernst wurden die inneren Massenwanderungen genommen. Sie sollten erfaßt werden »durch Aufnahme von Fragen nach dem früheren Wohnsitz und nach den Veränderungen des Wohnsitzes im Laufe eines bestimmten Zeitraums«.[42] Das alles – und selbst noch die Perfektionierung der Berufszählung durch die Nebeneinanderschaltung von Arbeitstätigkeit, Herkunft und Arbeitseinkommen – könnte auf den ersten Blick wie eine sich überschlagende Erfassungswut erscheinen, mit der Koller und seine Schüler den erweiterten Speicherungsmöglichkeiten der Daten Tribut zollten.
Doch der Koller-Ausschuß holte noch weiter aus. So entwickelte er einen Zusatzbogen zur Haushaltsliste, der die Zusatzerfassung von etwa einer Million Anstaltsinsassen aller Art garantierte: Seit den sechziger Jahren ist das Statistische Bundesamt in der Lage, die in der NS-Zeit so umständlich erarbeitete »Irrenstatistik« sozusagen nebenbei mit einer noch nie dagewesenen Genauigkeit zu erstellen.[43]
Dank Koller und seiner Mannschaft versprach die Volkszählung

zu einem Ereignis zu werden, das alle nazistischen Vorläufer weit übertreffen sollte. Aber es kam anders. Der Innenausschuß des Bundestags strich unter Hinweis auf NS-Reminiszenzen im letzten Augenblick alle die »Fruchtbarkeitsstatistik« betreffenden Fragen des Haushaltsbogens ersatzlos, der Anstalts-Zusatzbogen wurde teilweise entschärft. Koller mußte weitere Federn lassen, so daß im Endeffekt auch »auf die Ermittlung der Körperbehinderten, der Versicherungsverhältnisse, der heimatlosen Ausländer und ausländischen Flüchtlinge sowie auf die ausführliche Erfragung von Nebentätigkeiten (...) im weiteren Verlauf der Vorbereitung verzichtet wurde«.[44] Was dann im Juni 1961 amtlich ausgefragt wurde, war noch genug, und eine Menge des Gestrichenen holte Koller durch den Mikrozensus nach.

Koller und seine Mannschaft waren zu weit gegangen, 1961/62 liefen die großen NS-Prozesse an, die NS-Technokraten der Bundesbehörden wurden vorsorglich ins zweite Glied zurückversetzt. Bis 1961 war Koller unzweideutig hinter Gerhard Fürst zum mächtigsten Mann des Statistischen Bundesamtes aufgestiegen. Als Fürst 1962 vor der Pensionierung stand, wurde Koller nicht zum Nachfolger ernannt, statt dessen die Amtszeit von Fürst mehrfach verlängert. Irgendwann und irgendwo muß im Zusammenhang mit den totalitären Volkszählungsplanungen den politisch Verantwortlichen klargeworden sein, daß Koller ein Schreibtischmörder gewesen war.

Man schob ihn behutsam in sein ureigenstes, weniger sensibel scheinendes Spezialgebiet ab, und man schuf 1963, extra für ihn, an der Universität Mainz den Lehrstuhl für Medizinische Statistik. Der umsichtige Koller hatte auch nach dem Krieg nebenbei auf diesem Gebiet weitergearbeitet und so rechtzeitig vor- und ausgesorgt. Aber an Einfluß verlor er durch diesen diskreten Ortswechsel nicht. Er saß neben all seinen anderen Aktivitäten noch im Bundesgesundheitsrat, war Mitglied des Internationalen Statistischen Instituts, Mitbegründer der *Deutschen Gesellschaft für Medizinische Dokumentation und Statistik*, beratender Statistik-Experte im Weltgesundheitsrat, Mitglied des Wissenschaftlichen Beirats der Bundesärztekammer, führend vertreten in der *Deutschen Gesellschaft für Wehrmedizin und Wehrpharmazie*, zuletzt noch im Sachverständigenkreis *EDV im Gesundheitswesen* im

Wissenschaftsministerium tätig und Berater des Wissenschaftsrates.[45]

1963 selbst Ordinarius für Medizinstatistik geworden, besetzte er systematisch so gut wie alle seit Mitte der sechziger Jahre geschaffenen Lehrstühle dieses Fachs mit seinen früheren Untergebenen und Schülern; sie wurden zum Monopol der Koller-Schule. Siegfried Koller, der die »Sonderbehandlung« Hunderttausender »Gemeinschaftsunfähiger« verlangt hatte, war der wichtigste bevölkerungspolitische und gesundheitsstatistische Experte der Bundesrepublik geworden.

Von der Volkskartei zur Reichspersonalnummer *

»Die zunehmende Verknappung an schaffenden Menschen bringt die Notwendigkeit mit sich, durch bestmögliche Gestaltung der Arbeit auf allen Gebieten Arbeitszeit und Arbeitskraft einzusparen. Aus solchen Erwägungen heraus ist während der letzten Jahre zur Erleichterung des Zählens, Ordnens und Gruppierens gleichartiger Gegebenheiten das Verfahren der Nummerung eingeführt und angewandt worden. (...) Auf einem sehr wichtigen Gebiet, auf dem durch Nummerung besonders große Ersparnisse eintreten würden, fehlt die Nummerung noch. Es fehlt eine ›Volksnummerung‹, eine Nummerung der Menschen.« (Reichsarbeitsblatt, 1944)[1]

Die sprechende Zahl

Seit 1942 erforderte der heraufziehende totale Krieg immer schnellere und größere Verschiebungen von Millionen Menschen. Zur Arbeit in der Rüstungs- und Nahrungsmittelproduktion und zum Ausgleich der Wehrmachtsverluste mußten immer größere Zwangsarbeiterkontingente verschleppt, die Verwaltungsapparate »ausgekämmt«, Hausfrauen und Jugendliche mobilisiert und angelernt werden.

Mehr denn je war jetzt ein zentraler Menschen-Kataster vonnöten. Die Volkskartei erwies sich als zu schwerfällig. Die Frauen und Jugendlichen, die jetzt an die Fließbänder sollten, hatten bis dahin größtenteils kein Arbeitsbuch gehabt und waren deshalb 1939/40 bei dem Vergleich von Arbeitsbuch und Volkskartei nicht mitsortiert worden. Genauso fehlte ein Überblick über die Millionen ausländischer Zwangsarbeiter, denn die Volkskartei war ja nur für deutsche »Volksgenossen« gedacht gewesen. Zu diesen prinzipiellen Mängeln kamen organisatorische Schwä-

* Unter Mitarbeit von Helga Arp

chen und Fehler. Einige regionale Meldestellen hatten es nicht geschafft, die Veränderungen von den Melderegistern in die Volkskartei zu übertragen. Auch die Tatsache, daß der Kennkartenzwang sich wesentlich auf die nationalen und sozialen Minderheiten beschränkte, rächte sich. Noch nicht einmal die Zugehörigkeit zur NSDAP und ihren Untergliederungen war der Volkskartei zu entnehmen, und selbst eine Auskunft darüber, wer von den wehrpflichtigen Jahrgängen inzwischen eingezogen worden war und wer nicht, war unmöglich. Die NS-Behörden mußten deshalb improvisieren, um die Lücken zu schließen, Aufrufe erlassen, um bestimmte Bevölkerungsgruppen für »besondere Aufgaben der Reichsverteidigung« einzuspannen. Solche Verfahren waren gefährlich, das wußten die NS-Buchhalter; sie führten zu Massenaufläufen vor den Arbeitsämtern und Meldebehörden und erinnerten fatal an die zerfallene innenpolitische Ordnung am Ende des Ersten Weltkrieges. Den NS-Behörden waren individuell gezielte Aufforderungen, sich bei dieser oder jener Behörde, Arbeitsstelle oder einem Ersatztruppenteil dann und dann, um soundsoviel Uhr einzufinden, weit lieber. Die für diese individualisierende Praxis erforderlichen Erfassungskarteien reichten aber nicht mehr aus.

Im Sommer 1943 setzte sich bei den Spitzenfunktionären die Erkenntnis durch, daß es unmöglich war, die Volkskartei der Blitzkriegsära für die neuen Erfordernisse zu aktualisieren. Schon im Mai 1943 hatte die NSDAP-Parteikanzlei die Frage der Stillegung der Volkskartei geprüft,[2] und Reichsleiter Bormann hatte ihre Schwächen schonungslos bloßgelegt. Daluege und Himmler opponierten heftig, fast weinerlich, aber sie zogen angesichts der bedrohlichen Fakten den kürzeren.[3] Ein kurzer Erlaß vom 18. August 43 legte die Volkskartei bis auf weiteres still.[4] Zunächst war beabsichtigt, den Aufbau einer neuen reichseinheitlichen Erfassungskartei zu vertagen, aber aus innenpolitischen Gründen mußte sofort gehandelt werden.

Die machttragenden Schichten des Regimes fühlten sich 1943 nicht mehr sicher: Die ersten großen Bombenkatastrophen von Lübeck, Köln, Wuppertal, im Ruhrgebiet und schließlich im Sommer 1943 in Hamburg hatten zu chaotischen Massenfluchten geführt. Der Verwaltungsapparat und selbst die Sicherheitsbehörden waren drastisch ausgedünnt worden; die Gestapoleitstelle in Hamburg überwachte 1943 die ausländischen Zwangsarbeiter mit 40 Mann. Abgesehen von den »Schlüsselkräften« blieb im Verlauf des Jahres 1942 nur eine hauchdünne Facharbeiterschicht, die das Millionenheer Ungelernter und Zwangsarbeiter zur industriellen Massenproduktion kommandierte. Die wehrpflichtigen Männer wurden in immer kürzeren Abständen eingezogen; wohin die NS-Kader auch blickten: Mobilität, Unordnung, beginnende Unruhe.

Nach ihren Erfahrungen des Ersten Weltkrieges saß das Trauma des heimatlichen Dolchstoßes weit tiefer als die Angst vor der militärischen Niederlage. Neben den militärischen Wunderwaffen galt es, innenpolitische Waffen zu entdecken, die »optimale Menschenerfassung und Auswertung« garantierten:

> »Wörter zu ordnen, ergibt viel mehr Fehlerquellen, als Zahlen zu ordnen, und erfordert mehr Verständnis, Kraft und Zeit. Man würde sehr viel Zeit und Arbeit sparen, wenn man die Menschen, die auf den Karteikarten eingetragen sind, nach Zahlen ordnen könnte. Welche Zahlen aber soll man den einzelnen zuordnen? Es würde die Umständlichkeit erhöhen, wenn man für jede Karteikarte eine besondere Schlüsselliste oder eine besondere Suchkartei brauchte, um die Zahlen deuten zu können. Eine Vereinfachung würde erst dann eintreten, wenn jeder Bewohner des Deutschen Reiches eine bestimmte Kennzahl hätte, eine Zahl, die ihn von der Geburt bis zum Tode begleitete. (...) Die Zahl, die jedem Menschen zugeordnet wird, dürfte keine beliebige, zufällige ›fortlaufende Nummer‹ sein. Es müßte eine ›sprechende Zahl‹ sein, eine Zahl, aus der einige Grundtatsachen über den Kennzahlträger zu erkennen sind, am besten die Grundtatsachen, die man bisher schon verwendete zur eindeutigen Bezeichnung eines Menschen neben seinem Namen: Geschlecht, Geburtsort und -zeit. Es müßte aber auch eine einfache Zahl ohne Sonderzeichen und ohne Teilzahlen sein, die sich mühelos mit jeder anderen Zahl in eine Reihe bringen läßt und daher als leichtes Ordnungsmittel in Listen und Karteien dienen kann.«

– »Volksnummerung« nannte der Verfasser dieses System »sprechender Zahlen«, 1944 an exponierter Stelle im *Reichsarbeits-*

blatt veröffentlicht.[5] Hier die Logik und Aussagekraft der Nummer selbst:

»Die erste Nummer erhält jeder im Deutschen Reich Geborene unmittelbar nach seiner Geburt, wenn er auf dem zuständigen Standesamt als geboren eingetragen wird. Diese Nummer würde zur eindeutigen Kennzeichnung des Menschen nicht genügen, da sie auch bei anderen Standesämtern vorkommt und überdies bei demselben Standesamt in anderen Jahren. Man müßte daher die Kennzahl so gestalten, daß man aus ihr auch das betreffende Standesamt ersehen kann und das Geburtsjahr. Eine ›Standesamtsnummerung‹ gibt es meines Wissens noch nicht. Aber es gibt eine Ortsnummerung, die man verwenden kann. (...) So schlage ich als Kennzahlen zwölfstellige Zahlen folgender Art vor: Die erste Stelle der Kennzahl gibt das Geschlecht des Kennzahlträgers an; 1 bedeutet männliches Geschlecht, 2 weibliches. Die zweite und dritte Stelle der Kennzahl geben das Geburtsjahr des Kennzahlträgers an. Die nächsten Stellen geben den Geburtsort nach dem Ortsnummernverzeichnis des deutschen Reiches an. Die letzten Stellen geben die Nummer an, unter der die Geburt des Kennzahlträgers auf dem Standesamt eingetragen worden ist. Stellen, die bei dieser Schreibweise nicht gebraucht werden, sind durch Nullen zu besetzen. (...) Wenn die Kennzahlen eingeführt werden, so würden sie auf allen Papieren, die den Kennzahlenträger betreffen, wiederkehren: auf der Geburtsurkunde, dem Impfschein, dem Taufschein, den Schulzeugnissen, den Berufszeugnissen, der Kennkarte, dem Reisepaß und allen sonstigen Ausweisen, allen Mitgliedskarten und Bescheinigungen, dem Arbeitsbuch, dem Gesundheitspaß, dem Wehrpaß, dem Ahnenpaß usw. Das brächte eine Karteiverzahnung, ein Aufeinanderabgestimmtsein der verschiedenen Karteien mit sich, die viel Zeitersparnis und Arbeitserleichterung zur Folge hätte (...) würden Anfragen der einen Karteistelle bei der anderen viel schneller und leichter zu erledigen sein, als es jetzt der Fall ist.«

Weil ihre papierne Verdoppelung die Menschen nicht mehr im Zaume hielt, sollten sie nun vor der sprechenden Zahl erstarren. Niemand konnte mehr klammheimlich hoffen, daß eine alliierte

Bombe ein zentrales Kataster erwischte und zigtausend Menschen zu unbeschriebenen Blättern werden ließ. Immer und überall sollte der Deutsche sich fortan mit dieser Kennummer ausweisen und einordnen lassen.

> »Die Ordnung der Karteikarten nach Kennzahlen brächte ohne weiteres einen Überblick über die Altersgliederung der auf den Karten Eingetragenen mit sich, getrennt nach den beiden Geschlechtern, ferner darüber, aus welchen Teilen Deutschlands sie stammten, auch darüber, ob sie in Großstädten, mittleren oder kleinen Orten geboren sind. Gruppierungen und Zählungen der Kennzahlträger mittels des Lochkartenverfahrens würden leicht durchzuführen sein. (...) Die Karten könnten außerdem so ausgestellt werden, daß sie als Grundlage einer vereinfachten Volkszählung zu gebrauchen sind.«[6]

So war das Phantasiegebäude abgerundet: Personenkennziffer, permanente Zählung und Lochkarte als integrierte Ordnungsmittel. Wenn sich auch diese Träume technokratischer Allmacht nur noch sehr begrenzt realisierten, so wurde doch in den letzten acht Monaten des NS-Regimes verbissen und fieberhaft an der allgemeinen Personenkennziffer gearbeitet; Motor dieser Entwicklung war nicht mehr die Polizei, sondern das *Maschinelle Berichtswesen* der Wehrmacht und des Rüstungsministeriums: Im Willens-Stakkato des Amtsgruppen-Chefs Kurt Passow, notiert von seiner Sekretärin, hört sich das an, als seien Maschinengewehre der Erfassung in Aktion:

> »Der Arbeitsplan (für die Personal-Einzelerfassung. d. Verf.) soll in den nächsten Tagen aufgestellt werden über das, was erreicht werden soll. Amtsgruppen-Chef will eine scharfe Kontrolle führen, ob das Pensum ausgefüllt wird. Er will gegen die Leute aufgehetzt werden, die ihre Pflicht nicht tun. *Es geht um alles.* Dabei muß Amtsgruppen-Chef vielleicht dem einen oder anderen weh tun. Wenn er bis jetzt nicht so scharf durchgegriffen hat, so konnte er dies verantworten. Von jetzt ab aber nicht mehr. Alle müssen ihm helfen, solche Leute heranzuziehen, die anstelle der Nichttauglichen gesetzt werden können. Amtsgruppen-Chef ist von General Frank ausdrücklich zu diesem Schritt autorisiert worden. Und er wird es durchsetzen, vom letzten Mädchen bis zum leitenden Herrn. Seit dem 18. 8. 44

sind bereits zehn Herren von ihren Posten abgelöst worden, (...) Amtsgruppen-Chef möchte zunächst einmal die Zahlen der in den verschiedenen Wehrkreisen z. Zt. befindlichen Soldaten haben. Die vermutlichen Zahlen der Ostvölker. Die Zahlen der Leute in den Gauen, Wohnbevölkerung. Die Zahlen der in den Gauen Beschäftigten. (...) Außerdem benötigt Amtsgruppen-Chef die Auflistung der UK-Gestellten nach Wehrkreisen. (...) Es gilt, bis Anfang nächster Woche einen genauen Organisationsplan über die Neu-Einstellung der Dienststellen, Maschinenbelegung und anzuforderndes Personal aufzustellen. General Frank will uns alle im Augenblick eingestellten Fachkräfte belassen. Außerdem stellt er uns 1000 Stabshelferinnen zur Verfügung. (...) Wir müssen jetzt unbedingt an das Fachpersonal heran, das jetzt noch bei Hollerith ist, z. B. in Wien ... Es müssen folgende Arbeitsgebiete festgelegt werden: 1. Fachleute für die Nummerung ...«[7]

Eine in dieser Totalität unbekannte Neuauflage der »Personenstandsaufnahme« wurde in den letzten Kriegsmonaten begonnen, sie sollte den letzten Greis und die Halbwüchsigen für den Volkssturm, die letzte Sechzigjährige für die Munitionsherstellung erfassen. Unter dem Titel »Volksnummerung« propagandistisch verpackt, hatte die Abteilung *Maschinelles Berichtswesen* des Rüstungsministers Albert Speer von 1943 an ein neues Datensystem entwickelt: die Personal-Einzelerfassung.

Das Maschinelle Berichtswesen

Daß das Maschinelle Berichtswesen (MB) bis dahin – abgesehen von seinem Ableger, dem Zentralarchiv für Wehrmedizin – nicht erwähnt wurde, ist nicht zufällig: Bis 1941/42 hatte diese Einrichtung nur wenig mit dem Sortieren von Menschen zu tun gehabt. Um so mehr interessiert die Frage, aus welchem Grund sich ausgerechnet eine in solchen Zusammenhängen völlig unbewanderte Untergliederung des Speerschen Apparats innerhalb kürzester Zeit zum Zentrum endgültiger Erfassungsutopien entwickelte.

Das Maschinelle Berichtswesen war 1937 mit tatkräftiger Unterstützung der deutschen IBM-Tochter Dehomag als Lochkartenstelle des Wehrwirtschaftsstabs entstanden.[8] Zur Kriegsplanung hatte es mit der statistischen Erfassung der Rohstoffbewirtschaftung sowie der Material- und Geräteplanung für die Offensivtruppen beigetragen und die ersten Gehversuche bei der maschinellen Auswertung von Musterungsergebnissen und psychotechnischen Eignungstests gemacht. Im ersten Kriegsjahr hatte es sich eine regionale Basis verschafft, es war beauftragt worden, bei den bezirklichen Rüstungsinspektionen des *Wehrwirtschaftsstabes* den Beschäftigtenstand in der Rüstungsindustrie in periodischen Abständen zu erfassen (»Bezirksstellen des Maschinellen Berichtswesens«). Als 1940 der neuernannte *Reichsminister für Bewaffnung und Munition*, der Ingenieur Fritz Todt, der zuvor den Autobahn- und Bunkerbau organisiert hatte, den schwerfälligen rüstungswirtschaftlichen Apparat mit Hilfe der Privatwirtschaft reorganisierte, war das Maschinelle Berichtswesen mit von der Partie: Es hatte den rüstungswirtschaftlichen Erfassungs- und Lenkungsapparat durch Standardisierung der Vordrucke, durch die Nummerung der Produktionsausschüsse, ihrer Erzeugnisse (»Reichswarennummerung«) und ihrer Fertigungsstätten (»Reichsbetriebsnummerung«) flexibel zu machen.[9]

Todt kam im Februar 1942 bei einem Flugzeugabsturz ums Leben, er hatte aber selbst noch mit der Umstellung der Rüstungsproduktion auf den unausweichlich gewordenen Abnutzungskrieg begonnen: Massenproduktion, die Einführung von zweiten und dritten Schichten, Neuzusammensetzung der Belegschaften durch Dienstverpflichtung »unbeschäftigter« Hausfrauen und Millionen von vor allem osteuropäischen Kriegsgefangenen, die jetzt nicht länger in den Lagern verhungern sollten.

Zwei Männer setzten Todts Projekte fort: Albert Speer als Munitionsminister (von Herbst 1943 an hieß er *Reichsminister für Rüstungs- und Kriegsproduktion*) und der thüringische Gauleiter Fritz Sauckel als *Generalbevollmächtigter für den Arbeitseinsatz*. Sie richteten im April 1942 eine *Zentrale Planung* ein, in der die Rüstungsproduktion enger mit der Erfassung der noch nicht angetasteten Arbeitskraftressourcen des Inlands und mehr noch mit systematischen Menschenjagden in den besetzten Gebieten verbunden wurde.[10] Aus dem rüstungswirtschaftlichen Apparat der Wehrmacht wurde alles, was einigermaßen funktionsfähig erschien, herausgelöst, dem Speer-Ministerium unterstellt und in einem Rüstungsamt zusammengefaßt. Das Maschinelle Berichtswesen gehörte dazu. Ihm und seinen Bezirksstellen unterstand nach und nach die gesamte Datenerfassung.

Die Newcomer des Maschinellen Berichtswesens holten sich – soviel Respekt hatten sie immerhin – ein paar Experten dazu. Auch vom *Statistischen Zentralausschuß*, der 1939 eingesetzt worden war, um den Wildwuchs statistischer Erhebungen zurechtzustutzen,[11] ließen sie sich gerne beraten. Auf die trägen Karteibuchhalter des Hauptamts Ordnungspolizei blickten sie hingegen mit Verachtung herab.

Durch »Führerbefehl« vom 21. März 1942 war Speer beauftragt, »einschneidende Maßnahmen zur Vereinheitlichung und Vereinfachung des Berichtswesens anzuordnen. Gleichzeitig wurde durch diesen Führererlaß die Selbstverantwortung der in der deutschen Wirtschaft führenden Männer herausgestellt und so auch für das Erhebungswesen eine neue Grundlage geschaffen.[12] Damit waren der neuen leitenden Erfassungsinstanz Maschinelles Berichtswesen die Betriebe als »Erhebungskreise« ersten Ranges zugeordnet worden. Die von der *Reichsgruppe Industrie* seit 1938 in Zusammenarbeit mit dem Statistischen Reichsamt geführte »Industrieberichterstattung« mit ihren kontinuierlichen Angaben über Beschäftigte und Umsatz wurde mit der neuen militärisch-industriellen Erfassungsinstanz kurzgeschlossen. Um auch die *Deutsche Arbeitsfront* (DAF) einzubeziehen, die in ihrem Arbeitswissenschaftlichen Institut schon seit 1936 über einen hervorragenden Apparat zur Erfassung und Kontrolle des Arbeitsverhaltens verfügte, ernannte Speer Staatsrat Rudolf Schmeer, einen hohen Arbeitsfront-Funktionär, zu seinem *Beauftragten für das Berichtswesen.*

Das Maschinelle Berichtswesen war die Erfassungszentrale im Schnittpunkt eines neuen, verlagerten Machtzentrums: Zur einen Hälfte gehörte es weiter der Wehrmacht, zur anderen dem Speerschen Rüstungsministerium an, das ganz ungeniert als kapitalistischer Hauptausschuß der Großindustrie fungierte. Es verfügte daher gleichermaßen über Kommandogewalt wie über vergleichsweise fast unerschöpfliche Ressourcen.

Diese Institution zog junge Sozialtechniker an, die sich – bei allen Reibungen an verknöcherten Restinstitutionen – mit unglaublicher Energie ins Zeug legten: Betriebswirtschaftler der Reichsgruppe Industrie, kriegsversehrte junge Berufsoffiziere, die hier den Sprung zu einer zweiten Karriere fanden, Ingenieure, Regierungs- und Militärverwaltungsräte aus den verschiedensten statistischen Behörden, auch die Gruppe Koller-Mikat des *Zentralen Lazarettarchivwesens* gehörte dazu. Heraus kam ein Staatskonzern, nach modernsten Prinzipien gemanagt: An der Spitze stand seit Ende 1943 die *Methodik-Abteilung*, die ihre langfristigen Projekte mit dem Planungszentrum von Speer und Sauckel laufend abzustimmen versuchte und die jeweiligen Erfassungsschwerpunkte festlegte.[13]

Mehrere Hauptabteilungen gestalteten die Erfassungsprogramme aus. Ihre Aufgabenbereiche waren: Nummerung, Menschenerfassung, Steuerung des Büromaschineneinsatzes, Genehmigungswesen und Auswertung. Die Hauptabteilung *Schulung und fachliche Organisation* sorgte für Weiterqualifikation, für Motivationstraining und für Leistungsanreize. Hinzu kamen mehrere zentrale Produktionsbetriebe, für deren Ausstattung sich das Maschinelle Berichtswesen in ganz Europa Beutemaschinen zusammenholte. Mit den Feindvermögensverwaltern von IBM, Powers und Bull – den damals in Europa führenden Lochkarten- und Büromaschinenherstellern – führte die Spitze des Maschinellen Berichtswesens einen hinhaltenden Kleinkrieg um Lizenzen, Leasing-Maschinen und technisches Know-how.[14] Damit IBM nicht etwa auf die Idee kam, das deutsche Erfassungszentrum zu behindern und die trotz des Krieges guten Beziehungen aufzukündigen, bezahlte man dem US-Unternehmen in den besetzten Gebieten bereitwillig Lizenzgebühren und füllte dessen Ersatzteillager auf zum Teil abenteuerlichen Wegen mit in der Sowjetunion erbeuteten Maschinen.[15]

Auch nach dem amerikanischen Kriegseintritt schlossen IBM New York, »vertreten durch den Deutschen Verwalter in Amsterdam«, und das Bewaffnungsministerium Speers eine ganze Reihe regulärer Verträge ab. Sie handelten von Mietgebühren für Bu-

chungsmaschinen, Alphabetlocher und Zahlungen für Ersatzteile, von Technik, die 1943/44 überaus knapp war. Als Gerichtsstand vereinbarte man Berlin.
Die *Bezirksstellen* des Maschinellen Berichtswesen wurden im Verlauf des Jahres 1943 ebenfalls mit Lochkarten- und Vervielfältigungsbetrieben ausgestattet. »Bezirk« war imperial gemeint: Die Bezirksstelle Oslo beispielsweise war für ganz Skandinavien zuständig, die in Brüssel für Belgien und die Niederlande, die Bezirksstelle Wien bearbeitete neben Österreich die Schweiz und den gesamten »südosteuropäischen Raum«, und die Bezirksstelle Posen teilte sich mit der Abteilung VII des Statistischen Reichsamtes die besetzten Ostgebiete und das Protektorat auf. Im Reichsgebiet selbst deckten sich die bezirklichen Grenzen mit den Wehrkreisen und den dazugehörigen Rüstungsinspektionen. So schien das erneuerte Erfassungs- und Auswertungswesen in jeder Beziehung auf der Höhe der Zeit.
Zunächst wurden in einer Reihe von Systemen die Betriebe erfaßt. Erst später, als das nicht mehr genügte, weiteten die Statistiker ihr Revier im Rahmen der Personal-Einzelerfassung auf die gesamte Gesellschaft aus. Doch zurück zur Betriebsstatistik: Die Reichsgruppe Industrie (RGI) erfaßte 80000 Betriebe, in denen 93 Prozent aller Beschäftigten arbeiteten.[16] Denn seit Kriegsbeginn hatte die Reichsgruppe wegen des Fehlens effektiver Erfassungssysteme die Erhebungen über die Beschäftigten ständig ausgeweitet. In zeitlicher Übereinstimmung mit den Deportationsereignissen von 1941/42 war den Industriellen nicht nur eine laufende Erhebung über die »Entwicklung des kriegsmäßigen Arbeitseinsatzes«, sondern »außerdem die monatliche Ermittlung der Kriegsgefangenen sowie der Ausländer und Juden erforderlich« erschienen.[17]
Daneben standen Angaben über die Zahl der Arbeitsstunden im Verhältnis zum Umsatz und über die Lohnsummen. Im Rahmen des großen Revirements vom Frühjahr 1942 wechselte der Chef der RGI-Industrieberichterstattung und geschäftsführendes Mitglied der Reichsgruppe Industrie, Dr. Erich Gierth, zum Maschinellen Berichtswesen über. Er hatte die Aufgabe, in Zusammenarbeit mit den Methodik-Experten des Maschinellen Berichtswesens einen Einheitsfragebogen auszuarbeiten und dabei den

bisherigen *Industriebericht* mit den Beschäftigtenmeldungen der Rüstungsinspektionen zur lochkartenfähigen Grundlage der angestrebten Totalerfassung des Wirtschafts- und Menschenpotentials zu verschmelzen.[18]

Organisatorisch gab es keine Probleme. Die 80000 Betriebe wurden in drei Erhebungskreise (A = 12000 Betriebe, die von den Rüstungsinspektionen erfaßt wurden, B = 1200 Wehrmachtsbetriebe, ebenfalls den Rüstungsinspektionen unterstellt; und C = knapp 70000 Betriebe, die der Kontrolle der Gauwirtschaftsämter unterstanden) aufgeteilt, die betrieblichen Erfassungssysteme von Wirtschaft und Wehrmacht also fusioniert. Für die laufende Gesamtauswertung war die Zentrale MB zuständig, die für die Aufbereitung der monatlich eintreffenden Daten jeweils 1,5 Millionen Lochkarten benötigte.[19]

Für die einzelnen Unternehmer waren die detaillierten Fragen nach den tatsächlich geleisteten und den ausgefallenen Arbeiterstunden unangenehm. Also tat sich das Maschinelle Berichtswesen mit der Abteilung Arbeitseinsatz des Rüstungsamtes zusammen, um zumindest in den großen Schlüsselbetrieben Organisation und Erfassung des Arbeitseinsatzes selbst in die Hand zu nehmen. Ab Herbst 1943 wurden von Speer höchstpersönlich die ersten Arbeitseinsatz-Ingenieure (AI) in ihre neuen Funktionen eingewiesen. Zum *Reichs-Arbeitseinsatz-Ingenieur* wurde Gotthard Friedrich ernannt und mit umfangreichen Vollmachten ausgestattet. Er machte sich sofort daran, vom Rüstungsamt aus eine Schar fanatischer Arbeitsspezialisten in die Großbetriebe einzuschleusen.[20]

Der Arbeitseinsatz-Ingenieur hatte an den Unternehmern vorbei in allen Fragen der Arbeitsorganisation nach dem Rechten zu sehen, die Arbeitstakte zu verschärfen, Fließbandarbeitsprozesse durchzusetzen, für neue Leistungslohnsysteme zu sorgen und »Verlustquellen« aufzudecken. Technischen Kadern, die nicht spurten, durfte er kündigen. Und last not least bestand eine seiner Hauptaufgaben darin, die betrieblichen Datensysteme im Dienst des maschinellen Berichtswesens zu verbessern. Die Arbeitseinsatz-Ingenieure wurden ab März 1944 offiziell »bei der Ausfüllung der Betriebsmeldungen bzw. der Prüfung der Angaben des Betriebes« eingeschaltet, »und zwar vor Absendung der Meldung an die Bezirksstelle«. Ab Juni 1944 durften die Beschäftigtenmeldungen nur noch mit einem Prüfvermerk des Arbeitseinsatz-Ingenieurs abgegeben werden.[21]

Die »Asozialen im Betrieb«

Die loyalen, aus den Stammbelegschaften rekrutierten DAF-»Werkscharen« waren zum Wehrdienst einberufen, die innere Kontrolle wurde immer dünner. Deutsche Frauen und Jugendliche begannen mit den Zwangsarbeitern zu fraternisieren – unter dem Druck des Krieges, durch die verstärkte Fließbandproduktion und einfach auch wegen ihrer großen Zahl funktionierte die ideologische Schranke »Herrenmensch/Untermensch« zur Abschottung der Millionen ausländischer Zwangsarbeiter immer schlechter, und allmählich erlernten diese bunt zusammengewürfelten Arbeiter kaum sichtbaren informellen Widerstand: bewußtes Langsamarbeiten, Krankfeiern, unentschuldigtes Fernbleiben von der Arbeitsstätte, ständiger Wechsel von einer Arbeitsstätte zur anderen.[22] Die Arbeitsproduktivität sank in einigen Regionen kontinuierlich, vor allem in Betrieben mit hohem Frauenanteil. Seit 1942 war diese Entwicklung regelmäßig Diskussionsgegenstand auf den Sitzungen der Zentralen Planung. Sauckel und Speer verständigten sich früh:

> »*Sauckel:* Müßte es nicht möglich sein, die ungeheure Fluktuation einzudämmen, wenn sich die Betriebe noch mehr anstrengen und die Betriebsführer noch mehr hinter ihren Leuten her sind? Die Fluktuation ist ja anormal.
> *Speer:* Die Bummelantenfrage ist auch ein Punkt, den wir behandeln müssen. Ley hat festgestellt, daß dort, wo Betriebsärzte sind und die Leute von den Betriebsärzten untersucht werden, sofort der Krankenstand auf ein Viertel bis ein Fünftel sinkt. SS und Polizei könnten hier ruhig hart zufassen und die Leute, die als Bummelanten bekannt sind, in KZ-Betriebe stecken. Anders geht es nicht. Das braucht nur ein paarmal zu passieren, das spricht sich herum (...).«[23]

Wenn auch im Einzelfall hart zugefaßt wurde, so sprach es sich doch nicht genügend herum. »Fluktuation und Bummelantentum« blieben Massenerscheinungen. Ende 1943 war es soweit: Der Reichs-Arbeitseinsatz-Ingenieur Friedrich erfand einen neuen, erweiterten Asozialenbegriff. In seinen »Richtlinien für den innerbetrieblichen Arbeitseinsatz« propagierte er als »Maßnahmen der Leistungsführung«: »Laufende Überprüfung des Krankenstandes, schärfste Maßnahmen gegen Bummelanten und Drückeberger, rücksichtslose Ausmerzung asozialer Elemente!«[24]

Der Asoziale *im* Betrieb war entdeckt. Seine »rücksichtslose Ausmerzung« beschlossen. Um seiner habhaft zu werden, fragte das Maschinelle Berichtswesen bei den ausgefallenen Lohnstunden nach den Gründen: Die Schlüsselzahlen 22, 23, 24, 25 bedeuteten »Fliegeralarm«, »Sonstige Feindeinwirkung«, »Krankheit«, »Zuspätkommen und Versäumnis«![25] Hinzu kam ab Januar 1944 eine monatliche »Zusatzmeldung über den Abgang von Arbeitskräften nach Gründen gegliedert«, die von den MB-Bezirksstellen ausgewertet und an die Gauarbeitsämter abgeliefert wurde.[26]

Der folgende Dialog zwischen Luftwaffen-Feldmarschall Milch, Rüstungsamtschef Kehrl und dem Rüstungsamtsfunktionär Berk während der 53. Besprechung der Zentralen Planung am 16. Februar 1944 zeigt den Zweck dieser Meldungen:

»*Milch:* Man müßte die Liste der Bummelanten Himmler zu treuen Händen geben, der sie schon zur Arbeit bringen wird. Das ist volkserzieherisch sehr wichtig und hat auch eine abschreckende Wirkung für andere, die auch bummeln möchten.

Berk: Auch der Punkt wird durch die Statistik schon klargestellt werden, die übrigens bereits in Kraft ist und mit dem Zentralausschuß und dem dafür zuständigen Amt abgestimmt ist.

Kehrl: Diese Verbesserung der Unterlagen beschränkt sich aber nur auf die Abgänge. Man müßte auch bei den Zuweisungen eine entsprechende Methode wählen. Ich könnte mir vorstellen, daß man tatsächlich zu Zahlen und Begriffen kommt, wo alle in der gleichen Sprache sprechen.

Milch: Es ist wichtig, daß man diese klaren Begriffe schafft, nicht nur für uns, sondern auch für die Herren oben. Ich möchte die Fluktuation, die zum Teil naturnotwendig ist, zum Teil ein Übel darstellt, an der Wurzel ausrotten. Das können wir aber erst, wenn wir ganz klare Verhältnisse und Zahlen haben.

> Deshalb meine Bitte, das Bummelantentum auch mit zu berücksichtigen, wie man das bei Krankheit usw. tut (...). Es müßte da unterschieden werden nach Deutschen und Ausländern, nach Männern und Frauen (...).«[27]

Doch damit waren die bereits entwickelten Erfassungsmöglichkeiten der Beschäftigtenmeldung überfordert, und die Einführung einer komplettierten Zusatzmeldung, die die ständigen Arbeitsplatzwechsler im Augenblick der Kündigung *und* der neuen Arbeitsaufnahme registrierte, kam nicht mehr zustande. Statt dessen verfielen die MB-Bezirksstellen auf die Vereinheitlichung der Fehlzeitkarten, die die Arbeitseinsatz-Ingenieure und die Betriebsärzte gemeinsam auf dem laufenden hielten.

Die Personal-Einzelerfassung

Während sich die MB-Bezirksstellen an möglichst korrekten Beschäftigtenmeldungen abmühten, waren die Methodik-Experten der Berliner Zentrale dabei, sich konzeptionell neu zu orientieren: Die allgemeine statistische Bilanz sollte mit der lückenlosen und zugleich kontinuierlichen Verfolgung eines jeden »Volksgenossen« verbunden, die erprobten Erfassungsmethoden für Juden und Zigeuner verallgemeinert und technisch perfektioniert werden.

Seit Herbst 1943 diskutierten die Experten im Maschinellen Berichtswesen heftig über diese Probleme und versuchte einen Neuansatz. Sie entwickelten Personalbogen mit 49 (in sich weiter unterteilten) Fragen,[28] bastelten an Personalkarten (fälschungssicher, vervielfältigungsfähig und mit den Karteikarten des Maschinellen Berichtswesens identisch), die eine unverwechselbare Nummer trugen. Kurt Passow stellte sich selbst die erste Personalkarte aus. Warum sollte er sich nicht genauso »nummern« wie das Teil eines Panzers oder kriegschirurgischen Bestecks? So entdeckten die Manager des Maschinellen Betriebswesens im Verlauf des Winters 1943/44 an sich selbst die Ordnung und Sicherheit ausstrahlende Kraft der Zahlen. Im Mai 1944 faßte Diplomingenieur Dr. Friedrich Herbst, ein wahrer Vordenker des Maschinellen Berichtswesens, die Diskussionsergebnisse zusammen:

»Menschenerfassung
I. Warum Einzelerfassung?

Zahlen sind die Grundlage für die Entscheidungen
Wenn das Gleichgewicht zwischen dem Bedarf und dem Angebot an Arbeitskräften empflindlich gestört ist, sind staatliche Lenkungsmaßnahmen notwendig. Ganz besonders gilt dies im Kriege, der den vorteilhaftesten Einsatz aller Kräfte erfordert. Die Grundlage für die Arbeit der mit der Lenkung der Arbeitskräfte betrauten Stellen ist gutes aktuelles Zahlenmaterial. Je schwieriger die Personallage ist, um so detaillierter müssen die Zahlenunterlagen sein. Dies bedeutet, daß mit zunehmender Verknappung des Personals die Flut der Fragebogen, die die Betriebe ausfüllen müssen, anschwellen wird, wenn sich das Berichtswesen nicht grundlegend neuer Methoden bedient. (...)

Aktuelle Zahlen für die Führung
Bei der jetzigen Meldung kann mit der Herstellung der Lochkarten erst begonnen werden, wenn die Fragebogen eingehen. Bei der Einzelerfassung dagegen können die Zugangslochkarten den ganzen Monat laufend gelocht und die Abgangskarten laufend ausgesondert werden. Am Stichtag der Meldung sind die Lochkarten im Gegensatz zum jetzigen Verfahren bereits fertig.

Permanente Menschenbilanz
Wenn auch bei der Einzelerfassung der Menschen zunächst bei der Rüstungsindustrie begonnen werden soll, so steht als Fernziel doch die lückenlose Erfassung aller Deutschen und der in Deutschland wohnenden Ausländer. Während früher in größeren Abständen Volkszählungen durchgeführt wurden, die die Bedeutung einer Inventur an einem bestimmten Stichtag hatten, soll später eine genaue Buchhaltung über den Einsatz und den Bestand an Menschen durchgeführt werden. Dadurch würde jederzeit aktuelles und aussagefähiges Zahlenmaterial zur Verfügung stehen, wie es für die Lenkung des Einsatzes der Menschen und die Gewinnung statistischer Unterlagen über die Bevölkerungsbewegung benötigt wird. Grundlage für diese

Buchhaltung ist die laufende Erfassung der Zugänge, Abgänge und Veränderungen, damit die Kartei ständig frisch gehalten wird.

Notwendigkeit von Personalkarteien
Auch die Einzelerfassung der Menschen mit Hilfe des Lochkartenverfahrens wird die jetzt bestehenden Personalkarteien nicht überflüssig machen. Die Lochkarte kann mit ihrer geringen Kapazität eine Handkartei nicht ersetzen. Z. Zt. werden Personalkarteien an den verschiedensten Stellen geführt, so z. B. beim Einwohnermeldeamt, beim Arbeitsamt, beim Wehrmeldeamt und bei der Lebensmittelkartenstelle. In den Betrieben stehen je nach dem organisatorischen Aufbau mehrere Karteien z. B. im Gefolgschaftsbüro, im Lohnbüro und im Mob.-Büro. Selbst wenn mehrere dieser Karteien den gleichen Personenkreis umfassen, stimmen sie meist im Umfang und Aufbau nicht überein. Die Aufstellung jeder einzelnen Kartei erfolgt mit viel Arbeitsaufwand an jeder Stelle gesondert. Es ist selbstverständlich, daß die Frischhaltung der Karteien unter diesen Umständen äußerst schwierig ist und sich falsche oder ungenaue Angaben kaum vermeiden lassen. Der Gedanke liegt nahe, auch für die Herstellung der Karteien moderne Organisationsmittel und Methoden einzusetzen. Statt der bisherigen vielen Karteien soll nur eine geführt werden, der dann sämtliche Veränderungen mitzuteilen sind. Diese Originalkartei ist vervielfältigungsfähig und jede der interessierten Stellen bekommt einen Abdruck. Auf diese Weise wird erreicht, daß die Arbeit der Frischhaltung der Kartei auf ein Mindestmaß herabgesenkt wird und außerdem sämtliche Stellen die gleichen und vor allen Dingen die richtigen Angaben erhalten. Bei Veränderungen wird nur das Original verändert und die interessierten Stellen bekommen einen neuen Abdruck, den sie gegen den alten jetzt überholten austauschen. (...)«[20]

Ungeachtet der neuen technischen und institutionellen Probleme, die diese Einzelerfassung zweifelsohne mit sich bringen würde, war es dem Maschinellen Berichtswesen konzeptionell gelungen, grundsätzlich die Brücke von den Beschäftigtenmel-

dungen zu einer verbesserten Variante der Volkskartei zu schlagen. Die vielfältigen neuen Kombinationsmöglichkeiten, die Herbst am Beispiel einer betrieblichen Personal-Einzelerfassung aufführte, verstand er nur als Auftakt. Entscheidend war der Entschluß, den einzeln zu erfassenden Menschen entsprechend dem damaligen Stand der Technik ein numerisch formalisiertes und doch sehr individuelles Ordnungsmerkmal zu verpassen. Wurde diese sprechende Zahl mit einer auf Lochkartenbasis geführten Zentralkartei gekoppelt, dann war es ohne weiteres möglich, einen ständigen Zusammenhang mit den weiterbestehenden Nebenkarteien herzustellen. Dann konnte die Ära der »permanenten Menschenbilanz« beginnen, dann wurden alle Menschen nicht mehr nur periodisch nach Merkmalen inventarisiert, sondern individuell und permanent, bei jedem behördlichen Kontakt. Die zentrale Datensammelstelle, die die Planer in diesem Krieg so dringend benötigten, um »den rechten Mann an den rechten Platz zu stellen« (Herbst), schien in greifbare Nähe gerückt zu sein.
Da aber der Krieg weiterlief und sich die Überlebensbedingungen des Regimes im Sommer 1944 drastisch verschlechterten, war an eine schlagartige Bestandsaufnahme der Bevölkerung nicht zu denken. Die Möglichkeit, die inzwischen fertig vorliegenden Fragebogen mit ihren lochkartengerechten Fragekomplexen zu verteilen, um damit von einer Woche zur anderen den Grundbestand der geplanten Reichspersonalkartei zu füllen, wurde nicht einmal mehr erwogen.

Modell-Projekte

Kollers Zentralarchiv

Beflügelt vom spektakulären Erfolg der Genesendenmobilisierung im Sommer 1941, machte sich das Zentralarchiv für Wehrmedizin unter der Leitung von Siegfried Koller seit Herbst 1941 daran, die Krankengeschichten aller Lazarette nach standardisierten Schlüsseln zu dokumentieren und auf Lochkarten zu übertragen. In einem ersten Schritt standardisierten sie die personen- und krankheitsbezogenen Teile der Lazarettakten. Dann verschlüsselten sie die wichtigsten Krankheitsgruppen nach Zahlen, wegen der Kapazitätsgrenze der Lochkarten zunächst ziemlich summarisch (z. B. bedeuteten die Ziffern 38 = Verwundung durch ein Infanteriegeschoß, 39 = Verwundung durch Handgranaten, 46 = Selbstmord). Den einzelnen Lazaretten verpaßten sie fünfstellige Nummern, lochten den Verwundeten ihren militärischen Rang ein und den »völkischen« Status – Deutsche, Angehörige verbündeter Einheiten, Kriegsgefangene.[30]

So konnte die Flut der Krankenakten sortiert, gespeichert und ausgewertet werden – 1942 waren es 12 000 pro Arbeitstag, insgesamt (nach schwankenden Angaben) 15 bis 28 Millionen. Vor allem ermöglichte es die standardisierte Lochkartenspeicherung, die blutige Tagesbilanz des Krieges schnell auszuwerten. Der Arbeitsstab Kollers berichtete der Armeeführung seit Ende 1942 fortlaufend über folgende Fragen:

»1. Wie ist der Anteil der einzelnen Verwundungen und Krankheiten zur Gesamtzahl?
2. Welche Komplikationen treten auf?
3. Durch welche Waffenarten entstehen die Verwundungen (Granatsplitter, Infanteriegeschoß usw.)?
4. Welches Behandlungsverfahren hat die besten Erfolge?
5. Wie lange dauert im Durchschnitt eine Krankheit (z. B. Lungenentzündung)?
6. Wie viele von 100 Kranken einer Krankheit werden wieder kriegsverwendungsfähig, wie viele untauglich zum Waffendienst und wie viele sterben?
7. Wann ist mit dem Wiedereinsatz der Kranken und Verwundeten zu rechnen (Großzahlforschung)?«[31]

1944 hielt eine neue Lochkartenserie ihren Einzug: die individuellen Befundlochkarten. Die gesamte bis dahin praktizierte summarische Lazarettstatistik wurde fallengelassen. Die Allgemeine Statistik ging jetzt vom einzelnen Kriegsopfer aus – erfaßt nach Staatsangehörigkeit, Krankheitsarten (99 Möglichkeiten unter Einbeziehung abweichender Verhaltensmuster), Krankheitsdauer, Wiederverwendbarkeit sowie nach dem erlernten Beruf.[32]

In dieser Befundlochkarte war bereits ein Feld für die Reichspersonalnummer vorgesehen. Das Erfassungssystem des ZAW sollte in die »Volksnummerung« aufgehen und hat sie gleichzeitig mit vorbereitet. Die Millionen zerschossener Kriegsopfer waren besonders geduldige und immobile Opfer für die Modellversuche eines Siegfried Koller.

Ansbach – die Erfassung einer Stadt

Bis September 1944 folgte beim Maschinellen Berichtswesen eine Arbeitskonferenz der anderen, um die Versuche in Sachen Personal-Einzelerfassung auszuwerten. Der Arbeitsaufwand war umfangreicher als erwartet. Doch war die Ersterfassung einmal absolviert, dann zahlte sich das neue Verfahren aus: Das Auswertungstempo war wesentlich beschleunigt, die Kombinationsmöglichkeiten vervielfacht. Die Methodiker des Maschinellen Berichtswesens entwickelten neue technische Verfahren, um durch die Koordination von traditionellen Karteiträgern mittels Verbundlochkarten * den Zugriff auf die Einzelpersonen mit diesem oder jenem Merkmal zu erleichtern. Es gab inzwischen sogar die Möglichkeit, mit Hilfe einer Lochstreifenverbindung zwischen Schreibmaschine und Lochkartenlocher die Beschriftung von Karteikarten mit dem Lochvorgang zu kombinieren.
So hatte das Maschinelle Berichtswesen aus der Wehrerfassung, der Erfassung von Betriebsbelegschaften und der Lazarett-Statistik sich immer mehr auf die Einzelperson als die kleinste und unberechenbarste Einheit konzentriert. Zur Reichspersonalkartei fehlte nur noch ein kleiner Schritt: Ende September 1944 bekam das Maschinelle Berichtswesen dafür grünes Licht. Die NS-Spitze segnete das Projekt nicht nur ab, sondern gab der Personal-Einzelerfassung aller Menschen auf regionaler Ebene oberste Priorität.[33] Es hatte inzwischen Versuche lokaler Gegengewalt von ausländischen Zwangsarbeitern gegeben, immer mehr Soldaten desertierten aus den Ersatztruppenteilen und tauchten unter. Selbstverstümmelung und Selbstmord – Formen verzweifelten individuellen Protestes – nahmen erheblich zu, jugendliche Aussteigergruppen und Banden begannen sich zu bilden, trotz der

* Lochkarten, die gleichzeitig beschriftet waren und so sowohl von Karteiführern als auch von Maschinen gelesen werden konnten.

Androhung von Todesstrafe und KZ sind Zehntausende Kinder aus Liebesbeziehungen zwischen Deutschen und Zwangsarbeitern geboren worden.
Vorbeugende Aufstandsbekämpfung und Mobilisierung der letzten Menschenreserven waren gleichermaßen auf ein übergeordnetes Personaldatenkataster angewiesen. Zu den Hauptaufgaben des neuernannten Chefs des Ersatzheers, Heinrich Himmler, gehörte die beschleunigte Erfassungstechnik. Er machte zwei hohe SS-Führer, Waffen-SS-General August Frank und SS-Obergruppenführer Hans Jüttner, für ein erstes, auf einen Ort beschränktes Projekt verantwortlich, Hitler selbst ließ sich laufend berichten:

»Maschinelles Berichtswesen des Reichsministers für Rüstung und Kriegsproduktion — Berlin, den 4. 10. 44
Der Amtsgruppenchef
Sonderbefehl Nr. 1
Betr.: Personaleinzelerfassung
1.) Im Rahmen des Führer-Auftrages hat Obergruppenführer Jüttner die probeweise Erfassung von Personen in der vom Maschinellen Berichtswesen vorgeschlagenen Form befohlen. Dem Obergruppenführer Jüttner ist zwischen dem 18. und dem 20. 10. 44 Vortrag zu halten und ihm Unterlagen zwecks Vortrags beim Führer zu überreichen.
2.) Die für die Arbeiten notwendigen Vollmachten werden dem Maschinellen Berichtswesen durch General der Waffen-SS Frank erteilt. Die probeweise Erfassung beim Wehrmeldeamt Ansbach und die anschließende Ausdehnung auf den Wehrkreis XIII ist in einer Besprechung zwischen General Frank und General Weidemann am 28. 9. 44 genehmigt worden.
3.) Die Personaleinzelerfassung wird nunmehr probeweise auf den Wehrmachtsektor erweitert und in Ansbach durchgeführt. (...)
(gez. Passow)«[34]

Ab Oktober 1944 muß es in Ansbach sehr hektisch zugegangen sein. Überall waren die »MB-Kolonnen« am Wühlen: zuerst im Wehrmeldeamt, dann in den Lazaretten, in den im Raum Ans-

bach stationierten Ersatztruppenteilen und schließlich in den Ansbacher Rüstungsbetrieben. Dabei wurden die uns schon bekannten Verfahren der Personal-Einzelerfassung weiter vereinfacht und aufeinander abgestimmt.
Den entscheidenden Neuansatz bildete die gleichzeitige Bestandsaufnahme der gesamten Wohnbevölkerung von Ansbach:

> »*Erfassung der gesamten Ansbacher Einwohnerschaft mittels Lochkarte.*
> Ziel dieser Arbeit ist, den Beweis zu erbringen, daß unser jetziges Meldewesen zwei schwere Mängel hat
> a) die Kopplung von Einwohnermeldeamt, Ernährungsamt, Wehrmeldeamt usw. ist nicht zwangsläufig. Infolgedessen stimmen weder die erfaßten Personenkreise noch die Angaben über die einzelnen Personen überein.
> b) heute ist es bei Umzügen notwendig, sich bei allen drei Stellen besonders ab- und am neuen Wohnort an allen drei Stellen wieder anzumelden. Dadurch gehen Hunderttausende von Arbeitsstunden verloren.
> *Vorschlag:*
> Sofortige Einrichtung von zentralen Meldestellen in allen Städten, die bei Anmeldungen alle von den verschiedenen Dienststellen benötigten Angaben erfassen, vervielfältigen und den einzelnen Stellen zuleiten.
> Der Versuch in Ansbach soll neue Zahlenunterlagen für diesen Vorschlag schaffen.«[35]

Bereits Mitte November 1944 war eine umfassende Personalkartei der Bevölkerung und der Armeekontingente der Region Ansbach unter Dach und Fach. »Erhebliche Unterschiede in den Karteien« wurden festgestellt: Viele Wehrpflichtige hatten ihre Geburtsdaten gefälscht, um nicht eingezogen zu werden. »Außerdem gab es fehlerhafte Angaben, besonders auf dem Gebiete der Lebensmittelzuteilung.«[36]
Aber, trotz dieses Erfolges konnte »an eine Ausdehnung dieser Lochkartenarbeit auf das ganze Reich im Kriege infolge der dafür zu geringen Bestände an Alphabet-Tabellier-Maschinen nicht gedacht werden«.[37] In Ansbach stießen die Erfasser an die techni-

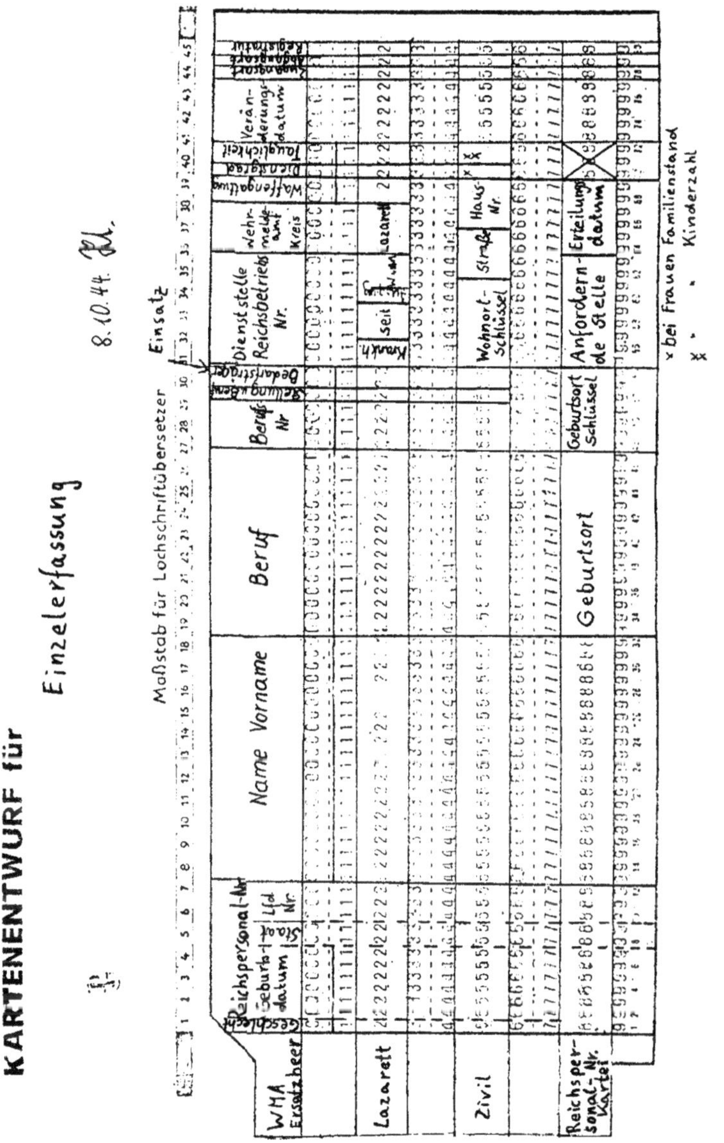

Entwurf einer Lochkarte für die Personal-Einzelerfassung

schen Grenzen ihres Systems. Die vielen systematisch und zentralisiert erhobenen Teildaten fanden auf der Lochkarte keinen Platz. Ihre Speicherkapazität war zu gering. Auch konnten die abgelochten Daten nur nach einem fest vorgegebenen Ordnungsmerkmal heraussortiert werden. Konrad Zuse entwickelte zwar in jener Zeit die erste programmgesteuerte Rechenmaschine. Und der Österreicher Gustav Tauscheck laborierte an einer Magnetspeichertrommel als Ersatz für die Lochkarten,[38] aber mit all diesen Ansätzen hatte das Maschinelle Berichtswesen wahrscheinlich keinen Kontakt, und zwar einfach deshalb, weil seinen Methodikern die grundsätzliche Problematik erst in Ansbach klargeworden war. Sie hatten keine Zeit, um über diesen entscheidenden Engpaß nachzudenken, und einigten sich schließlich auf einen realistischen Kompromiß – die »Einheitslochkarte Einzelerfassung«.

Der letzte Versuch

Noch Ende November 1944 erhielt Kurt Passow den Auftrag, das Maschinelle Berichtswesen nach dem Ansbacher Modell weiterzuentwickeln. Mit einem Teil des Personals aus dem SS-eigenen *Maschinellen Zentralinstitut für optimale Menschenerfassung und -auswertung* begann er, nach dem Konzept von Friedrich Herbst die Reichspersonalnummernkartei aufzubauen:

> *»Einheitliche Bezeichnung der Personen*
> Bei der Zentrallochkartenstelle sollen die Angaben der verschiedensten Karteien zusammenfließen und in einer Zentralkartei erfaßt werden, die alle für die Personallenkung unbedingt notwendigen Angaben enthält.
> Diese Zentralkartei muß immer auf dem laufenden gehalten werden. Zu diesem Zweck sind ihr von allen Dienststellen bei Änderung der Angaben der erfaßten Personen entsprechende Meldungen zu geben.
> Um die verschiedenen Karteien richtig zu kombinieren und die Veränderungsmeldungen bearbeiten zu können, muß jede Person eindeutig bezeichnet sein. Eine *eindeutige* und dabei mög-

lichst *kurze* und einprägsame Kennzeichnung jeder einzelnen Person ist aber Voraussetzung für die ordnungsgemäße Führung der Zentralkartei. (...)

Der Aufbau der Reichspersonalnummer
Nach reiflicher Überlegung wurde folgender Aufbau der Reichspersonalnummer festgelegt:

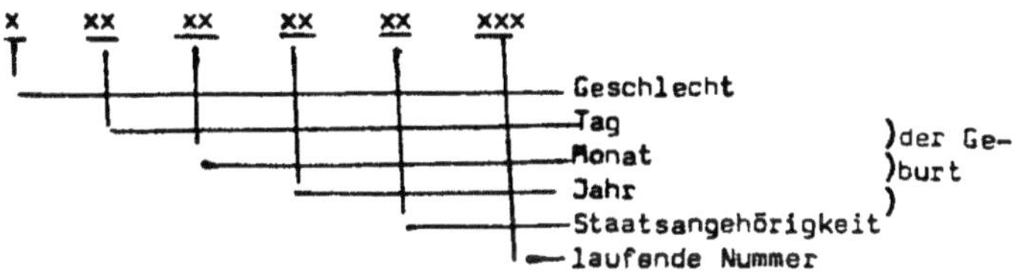

Beim Geschlecht wird unterschieden zwischen:
1 männliche Inländer,
2 weibliche Inländer,
3 männliche Ausländer,
4 weibliche Ausländer.
Bei der Staatsangehörigkeit werden die Reichsdeutschen mit 00 gekennzeichnet, während für die Ausländer je nach ihrer Nationalität die Nummern 20 bis 99 Verwendung finden.
Innerhalb des Geschlechts, des Geburtsdatums und der Nationalität werden die Personen laufend numeriert. Ein männlicher Reichsdeutscher, der am 16. Juni 1913 geboren ist und die laufende Nummer 134 erhalten hat, bekommt also die Reichspersonalnummer 1160613/134. Die ersten 7 Stellen (Geschlecht und Geburtsdatum) werden von der Staatsangehörigkeit und der laufenden Nummer durch einen Schrägstrich (/) getrennt. Da bei den Reichsdeutschen die Staatsangehörigkeit 00 gewählt wurde, kann auf ihre Schreibung verzichtet werden. Auf diese Weise ist die Reichspersonalnummer kurz und einprägsam. Jeder Reichsdeutsche hat sich im Höchstfalle 4 Stellen zu merken, denn sein Geburtsdatum ist ihm ohnehin bekannt.
Bei den Ausländern kann auf eine vollständige Schreibung der

12stelligen Nummer nicht verzichtet werden. Die Reichspersonalnummer 4170516/25036 besagt, daß es sich um die Französin handelt, die am 17. Mai 1916 geboren ist und die laufende Nummer 036 erhalten hat.

Die Reichspersonalnummernkartei

Alle erteilten Reichspersonalnummern werden in einer Kartei festgehalten. Diese hat die Aufgabe, Auskunft auf folgende Fragen zu geben:

1. Wer hat die Reichspersonalnummer 1160613/134?
2. Welche Reichspersonalnummer hat der am 16. Juni 1913 in Cottbus geborene Walter Schulz?

Die Reichspersonalnummernkartei ist eine Lochkartenkartei (Lochkarte Anlage 1), die in dreifacher Ausfertigung besteht. Die erste Ausfertigung – gekennzeichnet durch einen roten Farbstreifen – ist nach Reichspersonalnummern abgestellt und gibt Auskunft auf die erste Frage.

Die zweite Ausfertigung – gekennzeichnet durch einen blauen Farbstreifen – ist abc-lich nach Namen abgestellt und gibt Auskunft auf die zweite.

Die dritte Ausfertigung – ohne Farbstreifen – dient als Stammkartei und wird bomben- und feuersicher abgestellt. Bei Vernichtung der Karteien 1 und 2 können diese mit Hilfe von Kartendopplern und Lochschriftübersetzern aus der Stammkartei neu erstellt werden.

Erteilung der Reichspersonalnummern

a) bei Geburten.

Die Reichspersonalnummern werden von den Standesämtern erstellt und in die Geburtsurkunde eingetragen. Jedem Standesbeamten wird entsprechend seiner Geburtenzahl eine bestimmte Anzahl Nummern zugewiesen. Dieser Nummernkreis soll nicht so systematisch aufgebaut sein, daß man daraus den Geburtsort erkennen kann. Diese Systematik würde zu einer vielstelligen laufenden Nummer führen; es muß aber unbedingt angestrebt werden, die Stellenzahl auf das Allernotwendigste zu beschränken. (...)

b) für bereits Lebende.

Die Erteilung der Reichspersonalnummer an die bereits Lebenden kann nicht über die Standesämter erfolgen. Sie muß vielmehr im Rahmen der Einzelerfassung Zug um Zug durch eine Zentralstelle, die auch die Reichspersonalnummernkartei führt, geschehen. Dabei müssen zwei Grundsätze besonders beachtet werden:
1. Jede Person darf nur eine Nummer erhalten.
2. Eine Nummer darf nur an eine Person ausgegeben werden. (...)

Auf dem Magnetlocher wird die laufende Nummer in die Lochkarte eingelocht. Anschließend werden die Karten nach anfordernden Dienststellen sortiert und mit Durchschlag aufgelistet. Die Erstschrift der Tabellierliste ist für die anfordernde Dienststelle bestimmt, damit diese die Reichspersonalnummer in alle Karteien und Ausweise eintragen kann. Die Zweitschrift bekommt die MB-Bezirksstelle zur Vervollständigung ihrer Lochkarten mit der noch fehlenden laufenden Nummer.
Die Lochkarte, mit der die Tabellierliste geschrieben wurde, wird zweimal gedoppelt und in die Karteien 1, 2 und 3 eingeordnet.

Personalpapier
Die Einführung der Reichspersonalnummer und der damit verbundene Arbeitsaufwand hat nur Sinn, wenn die Reichspersonalnummer sofort nach Erteilung in sämtliche Karteien und Personalpapiere wie Kennkarte, Reisepaß, Wehrpaß, Soldbuch, Gesundheitsbuch, Wehrstammbuch und Dienstausweis eingetragen und mit sämtlichen Veränderungsmeldungen automatisch mitgemeldet wird. Jede Meldung, die keine Reichspersonalnummer enthält, wird wie eine Ersterfassung mit ihrem ganzen umständlichen Arbeitsablauf behandelt. Dieser Arbeitsaufwand wäre ungeheuer. In jedem Personalformblatt ist deshalb der Raum für die Reichspersonalnummer vorzudrukken.«[39]

Die zentrale Reichspersonalkennummernkartei wurde in Märkisch-Rietz bei Berlin stationiert und verschickte noch in den letzten Kriegsmonaten an die MB-Meldeköpfe Listen für Einwohnerkarteien, geordnet nach Straße und Hausnummer, Name, Geschlecht und Geburtsdatum, einschließlich der individuell zugeteilten Personenkennziffern und anderen mehr. Zusätzlich arbeiteten bei den wichtigsten Ersatztruppenteilen mehrere Kolonnen, um das allmählich zusammenbrechende Meldewesen vor Ort zu stabilisieren.[40]

Am 28. Dezember 1944 stellte Hitler selbst sicher, daß das Erfassungswesen bis zur vollständigen Niederlage funktionierte, sich bis März/April 1945 niemand aus dem Staub machte. Wer es trotzdem wagte, konnte noch in den letzten Kriegstagen vor die Standgerichte kommen.

> *»Erlaß des Führers über einen Generalbevollmächtigten für das Berichts- und Auswertungswesen vom 28. 12. 1944*
> Die rasche Erfassung aller persönlichen und sachlichen Kräfte und ihre Lenkung nach den jeweiligen Erfordernissen des totalen Krieges machen eine Umstellung des Berichts- und Auswertungswesens nach neuesten Erfahrungen und unter einheitlichen Gesichtspunkten auf allen Gebieten der Wehrmacht, der öffentlichen Verwaltung und der wirtschaftlichen Selbstverwaltung im Großdeutschen Reich einschließlich des Protektorats sowie im Generalgouvernement und den besetzten Gebieten erforderlich.
> Diese Aufgabe wird SS-Obergruppenführer und General der Waffen-SS Frank als Generalbevollmächtigter für das Berichts- und Auswertungswesen durchführen. In dieser Eigenschaft untersteht er mir unmittelbar.
> Zur Durchführung seiner Aufgaben kann der Generalbevollmächtigte für das Berichts- und Auswertungswesen von den obersten Reichsbehörden, den Reichsdienststellen der NSDAP, ihrer Gliederungen und angeschlossenen Verbände und von den Organen der wirtschaftlichen Selbstverwaltung Auskünfte verlangen und ihnen Weisungen erteilen. Dies gilt insbesondere für sämtliche Lochkartenstellen der Wehrmachtteile, der öffentlichen Verwaltung, der wirtschaftlichen Selbstverwaltung und der Betriebe der Wirtschaft.
> Der Generalbevollmächtigte für das Berichts- und Auswertungswesen bedient sich zur Durchführung seiner Aufgaben

des Maschinellen Berichtswesens, das unter Aufhebung seiner Unterstellung unter den Reichsminister für Rüstung und Kriegsproduktion wieder in das Oberkommando der Wehrmacht eingegliedert wird, und des Maschinellen Zentralinstituts für Menschenerfassung und Auswertungswesen der SS.
Zur Beratung des Generalbevollmächtigten für das Berichts- und Auswertungswesen wird ein Reichskuratorium für Berichts- und Auswertungswesen gebildet, als dessen Vorsitzer ich den Staatsrat Schmeer bestimme. Dieser beruft die übrigen Mitglieder des Reichskuratoriums aus dem Bereich der Wehrmacht, der öffentlichen Verwaltung, der NSDAP, der wirtschaftlichen Selbstverwaltung und aus den Bereichen der Wirtschaft. Ihre Zahl soll 15 nicht überschreiten.
Die Ausführungsbestimmungen erläßt der Generalbevollmächtigte für das Berichts- und Auswertungswesen im Einvernehmen mit dem Chef des Oberkommandos der Wehrmacht, dem Reichsminister für Rüstung und Kriegsproduktion und dem Reichsführer SS.
Führerhauptquartier, den 28. 12. 1944
Der Führer«[41]

Frank erließ noch eine Reihe »Anordnungen zur Durchführung des Erlasses des Führers«. Sie zeigen, wie sich in den letzten Kriegsmonaten der MB-Amtsgruppen-Chef Passow und der Chef des SS-Zentralinstituts, Obersturmführer Bartels, gemeinsam zu immer neuen »Auskämmaktionen« und Erfassungsjagden aufmachten – vorrangig in den jeweils »frontgefährdeten Gauen«.[42] Sie machten erst vor den alliierten Panzern halt.
Wir haben uns oft gefragt, warum es in den letzten Kriegsmonaten nicht wengistens bei den Frauen, Jugendlichen und den ausländischen Zwangsarbeitern zu größeren Aufständen gegen das verhaßte Regime gekommen ist. Der Hinweis auf den Terror reicht zur Erklärung nicht aus. Die Mittel der »kämpfenden Verwaltung« (Heydrich) haben tatsächlich funktioniert. Die Meldeköpfe der Personal-Einzelerfassung, obwohl noch wenig perfekt, lenkten die zerrüttete und ausgebrannte Bevölkerung mit offensichtlich ausreichender Präzision und nahmen jeden – einzeln – in die Pflicht.

Methoden des modernen Staates

Die Bevölkerungstechniker des Dritten Reiches sind nach 1945 nicht zur Rechenschaft gezogen worden. Sie haben getan, was sie ihren »Probanden« nie hätten zubilligen können; sind kurz untergetaucht, haben an ihrem Äußeren, ihrer Sprache, ihrer Begrifflichkeit einige Retuschen vollführt und gingen dann als Alte Garde den Planern des Wiederaufbaus zur Hand. Die Doppelstadt Wiesbaden-Mainz ist das Zentrum ihrer Ämter, Lehrstühle und Archive geworden. Eine andere Alte Garde errichtete 1951 (wie zufällig) am selben Ort das Bundeskriminalamt.
1973 wurde unter der sozialliberalen Regierung direkt gegenüber dem Statistischen Bundesamt in Wiesbaden das *Bundesinstitut für Bevölkerungswissenschaft* eröffnet. Das Institut, ein Braintrust der Spitzenbeamten von nebenan, dem alle Daten frei Haus geliefert werden, gibt die Zeitschrift für *Bevölkerungswissenschaft* heraus. Dort können die Schüler Kollers ein offenes Wort über die »Untergeburtlichkeit der Deutschen«, die »zu hohen Geburtenraten der Türken«, die »Bevölkerungsexplosion der Dritten Welt« und über die besten Wege der »Eindämmung« riskieren. Burgdörfer und Conti, Korherr und Himmler hatten das *Reichsinstitut für Bevölkerungswissenschaft* nicht mehr verwirklichen können.

Unsere Lebensbedingungen und Lebensgewohnheiten sind erstaunlich intensiv von den Erfassungstechniken geprägt, wie sie die Nazis 1938/39 und dann im zweiten Anlauf 1943/44 durchgesetzt haben. Wir können uns angesichts dieses Tatbestandes kaum mehr vorstellen, wie es vor 1938 in vielen Gebieten des Deutschen Reiches um das Meldewesen bestellt gewesen ist. Es gab keine durchgängige Meldepflicht, und dort, wo sie existierte, war es eine Art Volkssport, sie zu umgehen. In Hamburg beispielsweise, der deutschen Hochburg von Erfassung und Sortierung, mußten 1934 ganze Stadtviertel abgerissen werden, um denen die Unterschlüpfe wegzunehmen, die ihre Gründe hatten, wenn sie um die Meldeämter einen Bogen machten. Über Ausweispapiere verfügte nur, wer öfters ins Ausland zu reisen pflegte. Sich innerhalb des Reichsgebiets auszuweisen war einfach nicht üblich. Dieser für uns heute unvorstellbare Status quo zwischen Bevölkerung und Staat war derart selbstverständlich, daß die Nazis sich gezwungen sahen, ihre Modernisierungskonzepte im Melde- und Erfassungswesen nur schrittweise durchzusetzen. Zehn Jahre lang mußten sie sich darauf beschränken, Teilsysteme aufzubauen, die freilich in ihrer Überschneidung von Meldegesetzen, Ausweiszwängen, Volkszählungen usw. immer vollständiger wurden. Erst in der Schlußphase des Krieges konnten sie darangehen, ein einheitliches Erfassungssystem zu konzipieren. Und erst in dieser Phase stießen sie an die technischen Grenzen ihrer Möglichkeiten. Sie konnten die einmal erhobenen Informationen nicht adäquat speichern und entsprechend abrufbar halten. »Probleme«, die heute gelöst sind.

Die Selektion ging im Dritten Reich weit über die jüdische Bevölkerung hinaus, sie erstreckte sich auf damals so bezeichnete Erbkranke, Zigeuner, asoziale Großfamilien, Kriminelle und Arbeitsscheue, offen tuberkulosekranke Anstaltsinsassen usw.
Die vor allem gegen die europäischen Juden und die Bevölkerung Osteuropas gerichtete Rassenhygiene des Dritten Reiches hatte in der Erbhygiene ihr innenpolitisches Korrelat. Sie war wissenschaftliche Herrschaftstechnik zur Spaltung, Aufteilung und selektiven Bedrohung. Als wir dieses Buch konzipiert haben, war uns klar, daß die Erfassung der übrigen als fremdrassig Klassifizierten, der Zigeuner und später der ausländischen Zwangsarbeiter, genauso umfangreich rekonstruiert werden müßte wie die der Juden; denn es gab weitere Erfassungszentralen wie den *Reichskommissar zur Festigung des deutschen Volkstums*, das *Reichskriminalpolizeiamt* oder das *Reichsgesundheitsamt*. Was in der Erbhygiene und bei den Institutionen des Blut- und Rassenschutzes die Standesämter und die Reichsstelle für Sippenforschung waren, waren gegenüber der Bevölkerung im besetzten Osteuropa und gegenüber den ausländischen Zwangsarbeitern die »Rassen-

prüfer« der SS, die anhand von Lichtbildern und Tabellen den »rassischen Wert«, die »Eindeutschungs- und Aufartungsfähigkeit« zu bestimmen hatten. Sie taten das nach jeweils vorgegebenen Richtzahlen. Innerhalb dieser Größenordnungen, die stimmen mußten, gab es gutachterlichen Spielraum, das diagnostische Kriterium war im Grunde der Grad von Assimilation, Anpassung an den Gestus, die Gewohnheiten, den Haarschnitt, den Umgangston der Deutschen.

Heydrich, Himmler, zuletzt Speer und Sauckel sind zehn Jahre lang geräuschlos und effizient unterstützt worden von Siegfried Koller, Roderich Plate, Fritz Arlt, Richard Korherr, Artur Kääb und schließlich von Kurt Passows Methodikern im Maschinellen Berichtswesen. Die Mehrzahl dieser sozialwissenschaftlichen Assistenten trug Doktortitel, alle waren zwischen 30 und 40 Jahre alt. Deutschland hatte wahrscheinlich nie eine jüngere und geistig wendigere Exekutivelite.

Die wissenschaftlichen Begriffe der Rassehygiene waren weit über die völkischen Rechte hinaus allgemein akzeptiert und sind erst durch die Untaten der Nationalsozialisten ungebräuchlich geworden. Sie lassen sich leicht durch schnell wechselnde sozialwissenschaftliche und biologische Begriffe ersetzen und so auf die neuen »Fremdvölkischen« anwenden. Die erbhygienischen Institute haben sich nach 1945 kollektiv in *genetische* Institute umbenannt, Rassehygiene wurde zur Anthropologie. Wo liegt der Unterschied zwischen gemeinschaftsfremd, randständig und depraviert?

Am 18. Juli 1983 hatte der damalige Bundesinnenminister Friedrich Zimmermann den bis dahin amtierenden Präsidenten des Statistischen Bundesamtes, Franz Kroppenstedt, als beamteten Staatssekretär in sein Ministerium übernommen. Er wirkte im Stillen, ein Experte in Fragen des Erfassens und Aussonderns, und wird Zimmermann auch die Stellungnahme entworfen haben, mit der dieser am 18. Oktober 1983 vor dem Bundesverfassungsgericht das umstrittene Volkszählungsgesetz verteidigte: »Bei den 19 Volkszählungen, die es seit 1871 gegeben hat, gab es keinen einzigen Fall der Verletzung des Statistikgeheimnisses« (FAZ, 19. Oktober 1983), wollte der Bundesminister das Gericht glauben machen und fuhr wahrheitsgetreu fort: »Das Gesetz steht in der Kontinuität jahrzehntelanger Gesetzgebung.« »Sag es mir per Fragebogen« hieß der erste deutsche Nachkriegsfilm, gedreht 1946 für eine bayerische Volkszählung. »Weißt du, wieviel Sternlein stehen?« war die Titelmelodie des Propagandafilms für die bundesdeutsche Zählung 1950, »Nur wer gezählt ist, zählt ...!« die Werbeparole der von Koller geleiteten Volkszählung 1961.

Wir haben ein aktuelles Kapitel Geschichte geschrieben – aktuell in der Bundesrepublik zu Beginn des Jahres 1984. Die Arbeit erlaubt, einige Entwicklungen im bundesdeutschen Erfassungswesen mit geschichtlich geschärftem Blick zu betrachten. Die Frage: Warum konnten die Naziverbrechen so reibungslos und in derartigem Umfang vonstatten gehen, können wir nicht beantworten. Doch trägt die Untersuchung zu einer Antwort bei. Die Ermordung von Millionen Juden ist so intensiv untersucht worden wie kein anderes zeitgeschichtliches Thema – aber die bürokratisch-wissenschaftlichen Techniken der NS-Herrschaft blieben lange aus der Analyse ausgeklammert. Wohl auch deshalb, weil sie in vielerlei Hinsicht die normalen, in extremer Weise genutzten, aber durchaus nicht anrüchigen Methoden des modernen Staates sind.

Abkürzungen

ASA	Allgemeines Statistisches Archiv (Zeitschrift der Deutschen Statistischen Gesellschaft)
BAB	Bundesarchiv Berlin
BAB-DC	Document Center Berlin
BA-MA	Bundesarchiv / Militärarchiv Freiburg i. Br.
Bay-HStA	Bayerisches Hauptstaatsarchiv
GStA	Geheimes Staatsarchiv Berlin
NAW	National Archives Washington
PA	Personalakte
RGBl.	Reichsgesetzblatt
RMBliV.	Ministerialblatt des Reichs- und Preußischen Ministerium des Inneren
RMdI.	Reichsministerium des Inneren

Anmerkungen

Einleitung

1 F. Zahn, Die Statistik im nationalsozialistischen Großdeutschland, in: ASA, 29 (1940), S. 342 ff.; ähnlich auch schon 1935: ders., Soziale Aufgaben der Statistik im Dienste der wirtschaftlichen und sozialen Neuordnung des Reichs, in: Soziale Praxis, 44 (1935), S. 99–104, S. 200–202.
2 BAB, NS 19 neu / 1737, Niederschrift Himmlers vom 28. 5. 1940.
3 Biuletyn Glownej Komisij Badania Zbrodni Hitlerowskich w Polsce, Bd. 12, 17 F.
4 Ebenda, 23 F, Bericht des Höheren SS- und Polizeiführer Warthe vom 18. Dezember 1939.

Wissenschaftliche Soldaten des neuen Reiches

1 J. Müller, Die Stellung der Statistik im neuen Reich, in: ASA, 24 (1934 / 35), S. 241–250.
2 Vgl. K. Keller, Zur Frage der Rassenstatistik, in: ASA, 24 (1934 / 35), S. 130.
3 F. Zahn, a. a. O., S. 370.
4 Ebenda, S. 372 f.
5 Vgl. James Connolly, History of Computing in Europe, ed. IBM World Trade Corporation, 1968. (Das Buch wurde sofort nach dem Erscheinen zurückgezogen.)
6 Vgl. Festschrift zur 25-Jahr-Feier der Deutschen Hollerith Maschinen Gesellschaft, Berlin-Lichterfelde 1935.
7 Vgl. Biehler, Lochkartenmaschinen im Dienste der Reichsstatistik, in: ASA, 28 (1938 / 39), S. 90 ff.
8 Vgl. F. Burgdörfer, Die Volks-, Berufs- und Betriebszählung 1925, in: ASA, 15 (1925), S. 7–78; zur Geschichte der Volkszählungen in Deutschland z. B.: 70 Jahre Volkszählung im Deutschen Reich, in: Wirtschaft und Statistik, 21 (1941), S. 409–413.
9 Vgl. Die Gebrechlichen im Deutschen Reich nach der Zählung von 1925 / 26, in: Stat. d. Dt. Reichs, Bd. 419.
10 F. Burgdörfer, Die Volks-, Berufs- und Betriebszählung 1933, in: ASA, 23 (1933 / 34), S. 146.
11 Hauptstaatsarchiv Stuttgart, E 130 b, Bü. 1745.
12 F. Burgdörfer, S. 155 f. (wie Anm. 10).

13 F. Burgdörfer, Hauptergebnisse der Bevölkerungsstatistik, in: Erbkunde, Rassenpflege, Bevölkerungspolitik, Schicksalsfragen des deutschen Volkes, Hg. H. Woltereck, Leipzig 1936, S. 283 ff.
14 L. Kaiser, Kleine Chronik des Statistischen Bundesamtes, Wiesbaden 1956, S. 28.
15 Völkischer Beobachter, Ausg. Köln, 30. 12. 1937.
16 RMBliV. (1938), S. 369 f.
17 GStA. Rep. 77, Tit. 343, Bd. 1, Nr. 107.
18 Mecklenburgisches Landeshauptarchiv Schwerin, StaMi. d. M. 618/308.
19 BAB-DC, Korherr.
20 E. Lind, Die Volkszählungen, in: Burgdörfer, Die Statistik in Deutschland nach ihrem heutigen Stand, Berlin 1940, Bd. I, S. 184.
21 W. Grävell, Die Motorisierung in der Statistik, in: ASA, 27 (1937/38), S. 125 ff.
22 A. Jacobs, Der Weg bis zum Ende der Reichsstatistik, in: Jahrbücher für Nationalökonomie und Statistik, 185 (1971), S. 294.
23 J. Müller, S. 244/245 (wie Anm. 1).
24 Vgl. zur Biographie Zahns: BayHStA, MInn. 79425 (PA Zahn).
25 BAB-DC, Zahn.
26 F. Zahn, Die deutsche Statistik im Kriege, in: ASA, 30 (1941/42), S. 338 ff.
27 BAB-DC, Burgdörfer.
28 F. Burgdörfer, Volk ohne Jugend, Geburtenschwund und Überalterung des deutschen Volkskörpers, Berlin 1932, S. 64 ff. (Ähnlich: ders., Der Geburtenrückgang und seine Bekämpfung, die Lebensfrage des deutschen Volkes, Berlin 1928; ders., Völker am Abgrund, München 1937.)
29 Ebenda, S. XIV, S. 417 ff.
30 F. Burgdörfer, Volks- und Wehrkraft, Krieg und Rasse, Berlin 1936, S. 33–51.
31 BAB, R 43, II/722.
32 Vgl. zur Biographie Burgdörfers: BAB-DC, Burgdörfer (ca. 30 Blatt), BayHStA, MInn. 83292 (PA Burgdörfer).
33 K. Horstmann, Friedrich Burgdörfer, in ASA, 45 (1961), S. 73 f.
34 G. Fürst, Friedrich Burgdörfer, in: ASA, 51 (1967), S. 527 f.
35 BAB-DC, Korherr.
36 R. Korherr, Geburtenrückgang, Mahnruf an das deutsche Volk, mit einem Geleitwort des Reichsführers SS Heinrich Himmler, 3. Auflage, München 1935 (1. Auflage 1927), S. 19 ff.
37 Vgl. zur Biographie und Tätigkeit Korherrs: BAB-DC, Korherr (die Akte umfaßt etwa 500 Blatt); BayHStA. MInn. 80595 (PA Korherr).
38 BAB-DC, Korherr.

Melden, erfassen, sortieren

1 GStA, Rep. 77, Tit. 343, Bd. 1, Nr. 107.
2 Vgl. Runderlaß vom 18. 10. 1937 (RMBliV, S. 1687); Erste Verordnung zum Personenstandsgesetz vom 19. 5. 1938 (RGBl. I, S. 533).
3 Brief vom 11. Juli 1935 in Kääb, GStA, Rep. 77, Tit. 343, Bd. 1, 107.
4 Schreiben des Hamburger Innensenators an den Reichsminister des Inneren vom 6. Mai 1935, GStA, Rep. 77, Tit. 343, Bd. 1, 107.
5 Prozeß gegen die Hauptkriegsverbrecher vor dem Internationalen Militärgericht, Bd. 32, S. 413.
6 BA-MA, WiIF 5, Bd. 560/2, Bl. 11–13, Bericht über die 15. Sitzung des Reichsverteidigungsausschusses am 15. Dezember 1938; die Arbeitsbuchpflicht war 1935 (RGBl. S. 311) eingeführt worden.
7 R. v. Valta, Das Arbeitsbuch in der Statistik, in: ASA, 27 (1937/38), S. 269.
8 So Daluege im Nachruf auf den »viel zu früh gestorbenen Schöpfer der Volkskartei« Erich Liebermann von Sonnenberg am 26. 3. 1941, BAB, R 19/378/382.
9 RMBliV. (1939), S. 321.
10 Vgl. den sogenannten Schulkindererlaß vom 18. 10. 1939, RMBliV., S. 115.
11 K. Heinecken, Die Volkskartei, in: ASA, 31 (1942/43), S. 37 ff.
12 RMBliV. (1941), S. 1767.
13 Heinecken, (wie Anm. 11), S. 44.
14 V. Král, Die Vergangenheit warnt, Dokumente über die Germanisierungs- und Austilgungspolitik der Naziokkupanten in der Tschechoslowakei, Prag 1960, S. 137 f.; vgl. auch S. 122–133.
15 RGBl. (1939) I, S. 1739.
16 BAB, R 19/275.
17 RGBl. (1938) I, S. 913.
18 RMBliV. (1942), S. 595.

Juden-Statistik

1 Akten zur Deutschen Auswärtigen Politik 1918–1945, Serie E: 1941–1945, Bd. I, Göttingen 1969, S. 267 ff.
2 RGBl. (1935) I, S. 1333.
3 BAB, R 18/5513/5514 (Diskussion im RMdI. über Ausführungsverordnungen zum Reichsbürgergesetz und zum Blutschutzgesetz).
4 Wirtschaft und Statistik, 20 (1940), S. 84.
5 Übersicht über die Bevölkerungsverhältnisse im Generalgouvernement, in: Volkspolitischer Informationsdienst der Regierungen des Generalgouvernements, Innere Verwaltung Bevölkerungswesen und Fürsorge, Hrsg. Fritz Arlt, Krakau 1940, Heft 3, S. 4.
6 R. Korherr, Geburtenrückgang, S. 19 ff.

7 F. Burgdörfer, Die Juden in Deutschland und in der Welt, Ein statistischer Beitrag zur biologischen, beruflichen und sozialen Struktur des Judentums in Deutschland, in: Forschungen zur Judenfrage, Bd. 3, Hamburg 1938, S. 162 f.
8 Korherr, S. 17 (wie Anm. 6).
9 RGBl. (1933) I, S. 480.
10 RGBl. (1933) I, S. 539.
11 BayHStA, MWi 5669.
12 Vgl. zur Biographie Plates, BAB-DC Korherr; BAB-DC Plate; BAB, RMdI., PA Plate (dort findet sich auch das zitierte Zeugnis).
13 Burgdörfer, S. 173 (wie Anm. 7).
14 Ebenda, S. 155. (Das Ergebnis dieser Schätzung ist in Wirtschaft und Statistik 1938, S. 500 ff. veröffentlicht.)
15 NAW, T 175, Roll 410.
16 BAB-DC, Plate.
16 Die Volkskartei, S. 72.
18 Ebenda, S. 65.
19 Burgdörfer, S. 170 (wie Anm. 7).
20 Ebenda, S. 169.
21 Landesarchiv Berlin, Pr. Br. Rep. 57, 374.
22 A. Schwarz, Das Individuelle in der Statistik, ein Beitrag zur statistischen Methodenlehre, in: ASA, 22 (1932), S. 321 ff.
23 F. Zahn, Die Statistik im nationalsozialistischen Großdeutschland, in: ASA, 29 (1940), S. 384.
24 H. W. Methorst u. J. L. Lentz, Die Volksregistrierung und das neue in den Niederlanden eingeführte einheitliche System, in: ASA, 26 (1936/37), S. 59–84.
25 J. Presser, Ondergang, De Vervolging en Verdelging van het Nederlandse Jodendom 1940–1945, 'S-Gravenhage, 1974, Bd. I, S. 64 f.
26 Über den Zusammenhang zwischen Erfassung und NS-Herrschaft findet sich bei J. Presser (vgl. Anm. 25) ein außerordentlich instruktives Kapitel; vor allem aber auch in: L. De Jong, Het Koninkrijk der Nederlanden in de tweede Wereldoorlog, Teil 5, 1. Hälfte, 'S-Gravenhage, 1974 (insbesondere Kapitel V »Verscherpte controle«, S. 441–480); wichtig ist auch ein während der Besatzungszeit von J. L. Lentz selbst verfaßtes Handbuch über das Ausweiswesen: Persoonsbewijzen, Handleidung voor de uitvoering van het Besluit Persoonsbewijzen, Arnheim 1941.
27 De SS en Nederland, Documenten uit SS-Archieven 1935–1945, 'S-Gravenhage 1976, S. 1280.
28 Ebenda, S. 1178 f.
29 Burgdörfer, S. 153 ff. (wie Anm. 7).
30 Schreiben des Chefs der Sicherheitspolizei an den Chef der Ordnungspolizei vom 12. 10. 1936, GStA, Rep. 77, Tit. 343.
31 Zentralbl. f. Bibliothekswesen, 55 (1938), S. 407.
32 ASA, 24 (1934/35), S. 129 ff.
33 Vgl. Karl Themel, Wie verkarte ich Kirchenbücher, der Aufbau einer

alphabetischen Kirchenbuchkartei, Hrsg. mit Unterstützung der Reichsstelle für Sippenforschung, Verlag für das Standesamtswesen, Berlin 1936.

34 RMBliV. (1940), S. 2121; vgl. zur Geschichte des Reichssippenamtes z. B. A. Schultze-Naumburg, Die Tätigkeit der Reichsstelle für Sippenforschung, in: Zeitschrift für Standesamtswesen, 17 (1937), S. 283.

35 A. Gercke, Die Reichssippenkartei, ihr Wert und ihre Bedeutung, in: Zeitschrift für das Standesamtswesen 14 (1934), S. 298 ff.

36 NAW, T 175, Roll 508.

37 F. Arlt, Volksbiologische Untersuchungen über die Juden in Leipzig, 4. Beiheft zum Archiv für Bevölkerungswissenschaft und Bevölkerungspolitik, Bd. VII, Leipzig 1938.

38 Vgl. Besprechung in: Volk und Rasse, 13 (1938), S. 154.

39 BAB, R 58/991. Vgl. zum Lebenslauf von Fritz Arlt: BAB-DC, Arlt (ca. 150 Blatt).

40 RGBl. (1938) I, S. 533 ff.

41 RGBl. (1938) II, S. 1044.

42 RGBl. (1938) I, S. 922.

43 Die Volkskartei, S. 38.

44 Vgl. W. Strauß, Dokumentation, Reichsinnenministerium und Rassengesetzgebung, Aufzeichnungen von Dr. Bernhard Lösener, in: Vierteljahrshefte für Zeitgeschichte, 9 (1961), S. 262 ff.

45 GStA, Rep. 77, Tit. 343, Bd. 1, Nr. 107.

46 RMBliV. (1939), S. 321.

47 RMBliV. (1940), S. 487.

48 Rundschreiben des RMdI. (10. 12. 1942), BayHStA, MA 106/1228.

49 Die Volkskartei, S. 73.

50 Protokoll der Wannsee-Konferenz (wie Anm. 1).

51 Staatsarchiv Katówice, RK 2802.

52 H. E. Seifert, Der Jude an der Ostgrenze, Berlin 1940, S. 84.

53 Wirtschaft und Statistik, 21 (1941), S. 244.

54 F. Burgdörfer, Die rumänische Volkszählung 1941, ein Reisebericht, in: ASA, 30 (1941/42), S. 302 ff.

55 Ebenda, S. 306.

56 Presser, S. 60.

57 BAB-DC, Arlt.

58 F. Burgdörfer, Zur Frage der Umsiedlung der Juden (München, 17. Juli 1940), BAB, Film 15806.

59 Korherr an Brandt, Vorläufiges Ergebnis der Volkszählung vom 1. 3. 1943 im Generalgouvernement, NAW, T 175, Roll, 67.

60 Handschriftenabteilung der Universitätsbibliothek Göttingen, NO 5193.

61 Ebenda, NO 5194.

62 R. Hilberg, Die Vernichtung der europäischen Juden, Die Gesamtgeschichte des Holocaust, Berlin 1982, S. 397.

63 Vgl. Stat. d. Dt. Reichs, Bd. 415/5 (1936), S. 5.

64 H. Kipphardt, Bruder Eichmann, Reinbek 1983, S. 114.

Der Wert des Menschen

1 F. Zahn: Vom Wirtschaftswert des Menschen als Gegenstand der Statistik, in: ASA, 24 (1934/35), S. 461–464. (Alle nicht anderweitig ausgewiesenen Zitate dieses Abschnittes sind diesem Aufsatz entnommen.)
2 Adolf Dorner: Lehrbuch für Mathematik an Höheren Schulen (1935/36), Aufgabe 96.
3 Die Empfänger öffentlicher Fürsorge am 31. Dezember 1939, in: Wirtschaft und Statistik, 20 (1940), S. 247 f.
4 Vgl. zu den zitierten Merkblättern und Meldebogen Staatsanwaltschaft beim Landgericht Hamburg, Ermittlungsverfahren gegen Lensch und Struve, 147 Js 58/67, Beiakte, Gesundheitsbehörde, Bde. I, II.
5 Wirtschaft und Statistik, 21 (1941), S. 456.
6 NAW, T 1021, Roll 18.

Siegfried Koller

1 BAB, R 22/4209.
2 Vgl. G. Wagner, Streiflichter zur Entwicklung des Fachgebietes Medizinische Statistik und Dokumentation, in: H.-J. Lange u. a. (Hrsg.), 15 Jahre Medizinische Statistik und Dokumentation, Berlin usw. 1978, S. 1 ff.
3 Vgl. K. Überla, Siegfried Koller 70 Jahre, in: ASA, 62 (1978), S. 110 f.
4 Wagner, (wie Anm. 2), S. 6.
5 3 (1931), S. 121–183.
6 Dazu beispielsweise Koller, Gegenwärtiger Stand der erbstatistischen Methodik beim Menschen, in: Archiv für Soziale Hygiene und Demographie, 6 (1931), S. 194 ff.
7 Vgl. BAB, R 73/169.
8 Vgl. S. Koller, Bevölkerungsbiologische und wirtschaftliche Bedeutung der Kreislaufkrankheiten, in: ders., Statistik der Kreislaufkrankheiten, Dresden und Leipzig 1936.
9 Vgl. BAB-DC, Koller.
10 Vgl. S. Koller, E. Lauprecht, Die Bestimmung der Erbformel eines Tieres mit dominantem Merkmal aus seinen Vorfahren und Nachkommen, in: Zeitschrift für induktive Abstammungslehre, 66 (1933), S. 1 ff.
11 Vgl. Helga Jakobi, Peter Chroust, Matthias Hamann, Äskulap & Hakenkreuz, Zur Geschichte der Medizinischen Fakultät in Gießen zwischen 1933 und 1945, Gießen 1982, S. 130 ff.
12 Die folgenden Zitate nach ebenda, S. 158.
13 Zu weiteren Einzelheiten vgl. Kollers philosophische Habilitationsschrift, Die Auslesevorgänge im Kampf gegen die Erbkrankheiten, in: Zeitschrift für menschliche Vererbungs- und Konstitutionslehre, 19 (1935/36), S. 257 ff.
14 Ebenda, S. 320.
15 Veröffentlicht am 16. 3. 1934, vgl. BAB, R 43 II/720 a.
16 Weitere Veröffentlichungen Kollers zu diesem Komplex: H. Geppert und

S. Koller, Erbmathematik, Leipzig 1938; S. Koller, Über den Erbgang der Schizophrenie (Kollers medizinische Doktorarbeit), in: Zeitschrift für die gesamte Neurologie und Psychiatrie, 164 (1939), S. 199ff.

17 Beispielsweise mit zwei Beiträgen in G. Just (Hrsg.), Handbuch der Erbbiologie des Menschen, Bd. II, Berlin 1940.

18 Veröffentlicht in: Zeitschrift für induktive Abstammungslehre, 73 (1937), S. 571 ff.

19 Vgl. z. B. H. W. Kranz, Die Erbkartei des Gaues Hessen-Nassau, in: Der Erbarzt, 1 (1935), S. 57 f.

20 Vgl. Der öffentliche Gesundheitsdienst, Ausg. A, 1 (1934/35), S. 3 ff.

21 Zahlen für die Jahre 1934–1936:

1934 = 84 604 Erbgesundheitsgerichtsverfahren
62 463 Zwangssterilisierungen

1935 = 88 193 / 71 760

1936 = 86 254 / 64 646.

Allein bis Ende 1936 waren 198 869 Menschen zwangssterilisiert worden; vgl. BAB, R 22/1933.

22 Vgl. BAB, R 43 II/720 a.

23 F. Zahn, Fortbildung der deutschen Bevölkerungsstatistik durch erbbiologische Bestandsaufnahmen, in: ASA, 27 (1937–38), S. 181, 192 f.

24 Vgl. BAB, R 36/1374.

25 Vgl. Bericht Brandenburg, Stand vom 30. 6. 1937, BAB, R 36/1374.

26 Vgl. E. Klee, »Euthanasie« im NS-Staat, Frankfurt a. M. 1983.

27 Kurt Holm (Physikus beim Gesundheitswesen der Stadt Hamburg), Vereinfachung des ärztlichen Untersuchungsverfahrens und Sammlung der Ergebnisse, in: Deutsches Ärzteblatt, 65 (1935), S. 113.

28 Ebenda, S. 138.

29 Staatsarchiv Hamburg, Staatliches Gesundheitsamt Hbg., R.E.K.-Organisation, Kartei, Bl. 8 ff.

30 RBliV. (1940), 1519 ff.

31 S. Koller; Statistik in der biologischen und medizinischen Forschung, in F. Burgdörfer (Hrsg.), Die Statistik in Deutschland nach ihrem heutigen Stand, Bd. I, Berlin 1940, S. 361.

32 Vgl. K. H. Roth, »Asoziale und nationale Minderheiten«, in: Protokolldienst der Evangelischen Akademie Bad Boll, 31 (1983), S. 120 ff.

33 K. Passow, Das »Maschinelle Berichtswesen« als Grundlage für die Führung im II. Weltkrieg, in: Wehrtechnische Monatshefte 62 (1965), S. 56 f.

34 Vgl. Justus-Liebig-Universität Gießen, PA Koller.

35 S. Koller, Über einige Stichprobenprobleme bei der Vorbereitung des deutschen Mikrozensus, in: ASA, 38 (1954), S. 10.

36 Ebenda, S. 10.

37 S. Koller, Der Einfluß der Automatisierung auf die Aufgabenstellung der Statistik, in ASA, 43 (1959), S. 368.

38 Vgl. ASA, 40 (1956), S. 175.

39 Es ging dabei in erster Linie um die Einführung von Meldesystemen und Volkszählungen in den »Entwicklungsländern«.

40 H. Schubnell, Die Volks- und Berufszählung 1961, in: ASA, 46 (1962), S. 30.
41 S. Koller, H. Schubnell, K. Schwarz, H. Sperling, Das Programm der Volks- und Berufszählung 1961, in: Wirtschaft und Statistik (1961), S. 213
42 Schubnell, S. 25.
43 Vgl. dazu: Die in Anstaltsfürsorge untergebrachten Personen, Ergebnisse der Zusatzstatistik zur Fürsorgestatistik, in: Wirtschaft und Statistik (1961), S. 319 ff.
44 Schubnell, S. 142.
45 Vgl. C. Wagner, Streiflichter (wie Anm. 2), S. 6 f.

Von der Volkskartei zur Reichspersonalnummer

1 J. Vieweg, Volksnummerung, in: Reichsarbeitsblatt Teil V (Soziales Deutschland), Nr. 22 (1944), S. 223–224.
2 Vgl. Schreiben des Chefs der Partei-Kanzlei, Bormann, vom 28. 5. 1943 an Reichsinnenminister Frick, BAB, R 19/407.
3 Vgl. die umfangreiche Korrespondenz zwischen Daluege, Frick und Bormann im Juli 1943, ebenda; sowie die Auseinandersetzung zwischen Himmler und verschiedenen Gauleitern um die Volkskartei, NAW, T-175, Roll 224.
4 RMBliV. (1943), S. 1343.
5 Vieweg (wie Anm. 1)
6 Ebenda.
7 Aktenvermerk des Chefs des »Maschinellen Berichtswesens«, Kurt Passow, über eine Besprechung vom 23. 11. 1944, NAW, T-73, Roll 9.
8 Vgl. Walther Lauersen, Organisation und Aufgaben des Maschinellen Berichtswesens des Reichsministers für Rüstung und Kriegsproduktion, BAB, R 3/17 a; sowie NAW, T-77, Roll 339.
9 Umfangreiches Material im Bestand NAW, T 73, Roll 10.
10 Vgl. Alan S. Milward, Die deutsche Kriegswirtschaft 1939–1945, Stuttgart 1966, S. 68 ff.
11 Vgl. Verordnung zur Vereinfachung der Wirtschaftsstatistik vom 13. 1. 1939, in: Vierjahresplan, Zeitschrift für Nationalsozialistische Wirtschaftspolitik, 3 (1939) S. 439 ff.; W. Grävell, Ordnung der Wirtschaftsstatistik, Ein Jahr Statistischer Zentralausschuß, in: ebenda, 4 (1940) S. 323 f.
12 Staatsrat R. Schmeer, Neuordnung des Berichtswesens, in: Der deutsche Volkswirt, Ausg. v. 21. 8. 1942, S. 1502.
13 Vgl. NAW, T-73, Roll 5, 12.
14 Dazu umfangreiches Material im Bestand NAW, T-73, Roll 7–9.
15 Vgl. Conolly (wie Anm. 5, S. 166).
16 Vgl. Lauersen (wie Anm. 8), Bl. 12.
17 E. Gierth, Aufbau und Methode der Industrieberichterstattung, in: ASA, 30 (1941/42), S. 293.
18 Unterlagen darüber im Bestand NAW, T-73, Roll 7.
19 Vgl. dazu den MB-Arbeitsplan 1943, NAW, T-73, Roll 5.

20 Vgl. NAW, T-73, Roll 5; G. Friedrich, in: K. Hempel (Hrsg.), Der Arbeitseinsatz-Ingenieur, Leipzig 1944.
21 Vgl. NAW, T-73, Roll 12.
22 Diskussionen der NS-Spitzen über diese Entwicklung finden sich in BAB, R 18/3785, NS 19 neu/2636.
23 BAB, Nürnberger DOK. 124–R, 21. Besprechung der Zentralen Planung vom 30. 10. 1942.
24 Richtlinien des Reichs-Arbeitseinsatz-Ingenieurs für den innerbetrieblichen Einsatz, NAW, T-73, Roll 12.
25 Vgl. das neue Meldeformular »Beschäftigtenmeldung Industrie« aus dem Jahr 1944, NAW, T-73, Roll 12.
26 Vgl. Lauersen (wie Anm. 8), Bl. 23.
27 BAB, Nürnberger DOK 124-R, 53. Besprechung der Zentralen Planung v. 16. 2. 1944.
28 Ein solcher Fragebogen nebst Anleitung zum Ausfüllen ist in NAW, T-73, Roll 7 verfilmt.
29 NAW, T-73, Roll 12.
30 Vgl. BAB, R 3/1138.
31 K. Passow, Das Maschinelle Berichtswesen als Grundlage für die Führung im II. Weltkrieg, in: Wehrtechnische Monatshefte 62 (1965) S. 107.
32 Zu den Einzelheiten BAB, R 3/1138.
33 NAW, T-73, Roll 9.
34 Ebenda.
35 Zitat aus einem Bericht über die Personaleinzelerfassung in Ansbach vom 2. 11. 1944, NAW, T-73, Roll 12.
36 Passow, a. a. O., S. 144.
37 Ebenda.
38 Über all diese Versuche wird in N. Metropolis u. a. (eds.), A History of Computing in the Twentieth Century, New York usw. 1980, berichtet.
39 Niederschrift des Regierungs-Baurats Herbst vom 29. 9. 1944 über die Personaleinzelerfassung NAW, T-73, Roll 12.
40 Umfangreiche Unterlagen hierzu in NAW, T-73, Roll 8 und 12.
41 NAW, T-73, Roll 10.
42 Vgl. NAW, T-73, Roll 10 und 12.

Bildnachweis

Titel: Statistisches Jahrbuch der SS, 1938; S. 9: Hollerith Nachrichten 1933; Seite 13: Statistisches Jahrbuch der SS, 1938; Seite 14: H. G. Adler, Die verheimlichte Wahrheit; S. 20: Hollerith Nachrichten, 1934; Seite 25: Hessisches Hauptstaatsarchiv; Bundesarchiv; Seite 29: Das Statistische Bundesamt, Festschrift 1956; Seite 33: Statistisches Jahrbuch der SS, 1937; Seite 39: F. Burgdörfer, Volk ohne Jugend; Seite 60: Bundesarchiv; Seite 65: Archiv G. Schoenberner, Seite 69: IBM; Seite 73: Wirtschaft und Statistik 1935; Seite 78: Institut für Zeitgeschichte; Seite 79: Joods Historisch Museum Amsterdam; Seite 82: Wirtschaft und Statistik 1940; Seite 89: F. Arlt, Volksbiologische Untersuchungen; Seite 93: Bundesarchiv; Seite 124: S. Koller, Die Gemeinschaftsunfähigen; Seite 153: National Archives Washington.